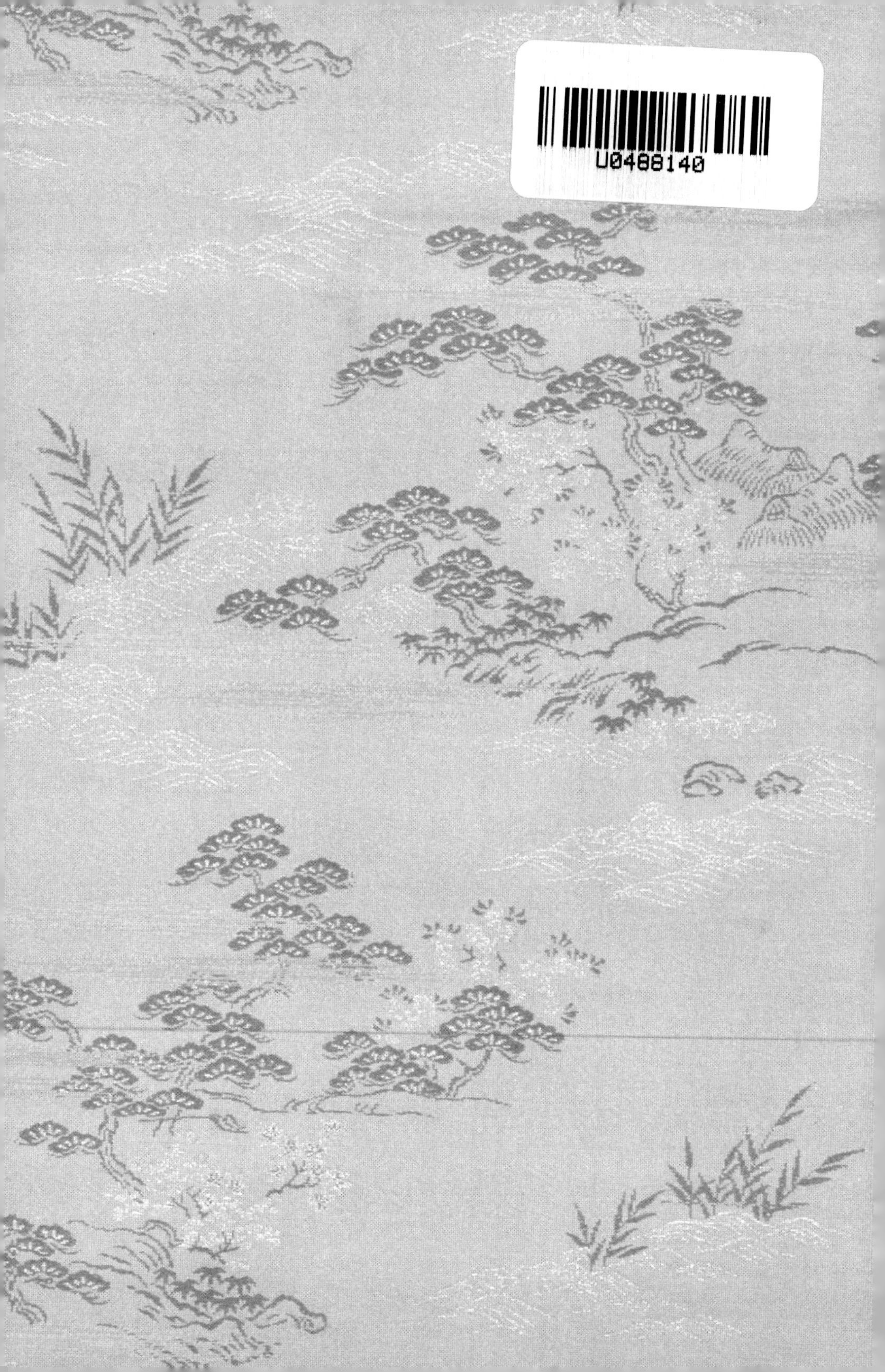

民族之魂

深思熟虑

陈志宏◎编著

延边大学出版社

图书在版编目（CIP）数据

深思熟虑 / 陈志宏编著 . -- 延吉：延边大学出版社, 2018.4（2023.3 重印）

（民族之魂 / 姜永凯主编）

ISBN 978-7-5688-4502-1

Ⅰ.①深… Ⅱ.①陈… Ⅲ.①品德教育－中国－青少年读物 Ⅳ.① D432.62

中国版本图书馆 CIP 数据核字（2018）第 069081 号

深思熟虑

编　　　著：陈志宏
丛 书 主 编：姜永凯
责 任 编 辑：孙淑芹
封 面 设 计：映像视觉
出 版 发 行：延边大学出版社
社　　　址：吉林省延吉市公园路 977 号　　邮编：133002
网　　　址：http://www.ydcbs.com　　E-mail：ydcbs@ydcbs.com
电　　　话：0433-2732435　　传真：0433-2732434
发行部电话：0433-2732442　　传真：0433-2733056
印　　　刷：三河市同力彩印有限公司
开　　　本：640×920 毫米　　1/16
印　　　张：8　　字数：90 千字
版　　　次：2018 年 4 月第 1 版
印　　　次：2023 年 3 月第 2 次印刷
ISBN 978-7-5688-4502-1

定价：38.00 元

人有灵魂，国有国魂；一个民族，也有民族魂。

鲁迅先生曾经说过："唯有民魂是值得宝贵的，唯有他发扬起来，中国才有真进步。"

鲁迅先生以笔代戈，战斗一生，曾被誉为"民族魂"。

民族魂，顾名思义，就是一个民族的灵魂！民族魂，是一个民族的精髓，体现了一种民族的精神，是一个民族生存和存在的精神支柱。

什么是中华民族的民族魂？那就是中华民族精神！它是中华民族凝聚力的理念核心，是中华文明传承的基因。它包含热烈而坚定的爱国情感，对生活的美好愿望和追求，为目标努力奋斗的拼搏毅力，为正义事业不惜牺牲自己的精神，以及正确的人生观和价值观。

翻开浩瀚的中国历史长卷，我们可以看到数不胜数的、体现民族精神和民族魂的英雄人物和可歌可泣的感人故事。

民族魂，不仅体现在爱国主义精神和行动中，而且体现在各个领域自强不息的民族奋斗中。而中华民族精神的力量，更是深深植根于延绵几千年的传统文化之中，始终是维系中华各族人民共同生活的纽带，是支撑中华民族生存和发展的精神支柱，是不断推动中华民族前进的强大动力。

民族魂体现在"重大义，轻生死"的生死观中；民族魂体现在"国家兴亡，匹夫有责"的使命感中；民族魂体现在"我以我血荐轩辕"的大无畏精神中；民族魂

前 言

体现在将国家利益置于最高的爱国情怀中!

纵观中华五千年文明史,曾经有多少杰出的政治家、军事家、思想家、文学家、科学家、艺术家;曾经有多少忧国忧民、鞠躬尽瘁的仁人志士;曾经有多少抗击外敌、英勇献身的民族英雄。他们或顺应历史潮流,积极改革弊政,励精图治,治国安邦,施利于民;或为人类进步而不断进行着农业、工业、科技、社会等各种创新;或开发和改造河山,不断创造着灿烂的中华文明;或英勇反击外来侵略,捍卫着国家主权和民族尊严;或坚决反对民族分裂,维护国家的统一……他们从不同的侧面,体现了中华民族的民族魂,谱写了几千年中华文明的壮丽诗篇,铸造了中华民族高尚而坚不可摧的"民族之魂"。

民族魂,就是爱国魂。从屈原在汨罗江边高唱的《离骚》,到文天祥大义凛然赴死前的"人生自古谁无死,留取丹心照汗青"的诗句;从岳飞的岳家军抗击入侵金兵,到郑成功收复台湾;从血雨腥风的鸦片战争,到硝烟弥漫的十四年抗战,再到抗美援朝的隆隆炮声……哪个为国捐躯的英雄不是可歌可泣的?

民族魂,就是奋斗魂。从勾践卧薪尝胆,到司马迁秉笔直书巨著《史记》;从鉴真东渡传播佛法终在第六次成功,到詹天佑自力更生建铁路;从袁隆平百次实验成为"水稻之父",到屠呦呦的青蒿素获得诺贝尔奖……哪个不是历经艰难,最终取得成功?

民族魂,就是改革献身魂。从管仲改革到商鞅变法;从王安石变法到百日维新……哪次变法图强不是要冲破旧势力的阻挠，或流血牺牲？

民族魂，就是创新魂。古有毕昇发明活字印刷，今有王选计算机照排；古有指南针、造纸术、火药、浑天仪、地动仪的发明，今有神舟号的相继飞天……哪个不是中华民族的智慧结晶？

自古以来，多少仁人志士为了维护人格的尊严和民族气节，以生命为代价！留下了"玉可碎不可污其白，竹可断不可毁其节"的称颂；有多少英雄豪杰，为理想和事业奋斗，面对死亡的威胁，大义凛然；有多少爱国壮士面对侵犯祖国的列强，挺身而出而献出生命。

伟大的中华民族孕育了五千年的辉煌，五千年的历史留下了璀璨的中华文明。

中国人的血脉流淌着顽强不屈的精神！我们的先辈用血汗和生命铸就了不朽的中华民族魂！换得如今中华大地的一片祥和安宁，换得我们现在的幸福生活。如今，我们要实现习近平主席提出的中国梦，依然需要我们秉承祖辈留下的这种"民族魂"。

青少年是国家的希望，亦是民族的未来。因此，爱国主义教育和励志图强教育要从青少年开始。为了增强对青少年的民族精魂和志向教育，我们精心编写了本套丛书——《民族之魂》丛书。

本套丛书将我国有史以来体现民族精神和民族魂的典型事迹，以通俗易懂的语言故事形式展现出来，适合青少年的阅读水平和欣赏角度。书中提供的人物和事件等故事，涉及社会的各个方面，有利于青少年学习和理

解，使读者能全方位地领悟中华民族精神。

　　为了帮助读者更好地理解和吸收故事的精神，编者在每篇故事后还给出了"心灵感悟"，旨在使故事更能贴近现实社会，让读者结合自身的需要学习领会，引发读者更深入的思考。

　　希望读者们可以从本套图书中获得教益，通过阅读，真正体会到中华民族之魂所在，同时能汲取其精华，不断提升自己各方面的素质和品格，为祖国新时代的建设和发展做出努力。

　　全套丛书分类编排，内容详尽，风格独具，是广大读者尤其是青少年爱国励志教育的优秀阅读材料。相信本套丛书一定可以成为青少年朋友的良师益友。

导言

"思而后动"谓之谋。谋与智是不可分割的整体,智决定谋,谋反映智。深思熟虑能使军事指挥者取得以少胜多、转危为安、转败为胜的神奇效果,因此备受人们的重视。《孙子兵法》的重要思想就是思而后动继而以智取胜。现在,商场上也常用《孙子兵法》的基本原理及论述的方法,使企业家所面临的经营难题迎刃而解。可以说《孙子兵法》的哲理和内涵适用于各个领域。

缜密思考、深远谋划的能力主要来源于广博的知识。在信息和知识爆炸的今天,人们意识到,知识只有转化为智慧才有价值,智慧比知识更重要,智慧就是财富。然而,智与谋仍有一定距离。智慧只有转化为实用的计谋才有意义。在识、智、谋的相互关系中,识多才能智广,足智方能多谋。深思熟虑品质的形成,需要下工夫研究才能把握,下工夫实践才能运用自如。

本书收集了一些"深思熟虑继而以智取胜"的实例,读起来趣味盎然,引人入胜。随着人类社会的发展,竞争领域更加广阔和复杂,古代军事谋略的经典案例在许多领域都有很大的借鉴作用。深思熟虑的故事能够启迪人们的智慧，学习深思熟虑的精髓，不仅可以使个人的事业事半功倍，而且在生活和人际交往中也有重要的参考意义。

目录 CONTENTS

第一篇　智者思而后动

- 2　屈瑕用樵夫诱敌
- 6　赵充国"穷寇勿追"之计
- 10　冯异施用"变服计"
- 15　耿弇声东击西获两城
- 20　虞诩"增灶"惑敌
- 24　赤眉"佯败"破邓禹
- 28　皇甫嵩灵活用兵
- 32　司马师听鼓知敌情
- 36　拓跋珪制敌用"攻心术"
- 40　书生带兵亦能行
- 45　张巡"草人借箭"惑敌
- 50　李愬巧借天时袭敌
- 54　贺若弼麻痹敌人获胜
- 60　广陵之战　佯北饵兵
- 64　李嗣源明路救幽州

第二篇　盖世英雄建大业

- 70　"死诸葛吓跑活仲达"
- 75　檀道济"量沙充粮"退敌兵
- 79　拓跋焘巧用兵攻克"统万"
- 83　宇文泰奇谋巧计取胜

民族之魂
MINZUZHIHUN

87　杨坚深谋远虑成大业

95　李世民的军事天才

99　郭子仪善选良机

103　赵匡胤智谋得天下

111　李元昊首用鸽子惑敌制胜

第一篇
智者思而后动

屈瑕用樵夫诱敌

> 屈瑕（？—前699），楚武王之子，芈姓，熊氏，名瑕。春秋楚国贵族屈氏之祖，大诗人屈原的祖先。

春秋初年，楚王派大将屈瑕去和贰、轸两个小国订立盟约。

那时候，长江中游和汉水流域有很多小国，它们往往相互结为盟国，攻打其他国家，或者共同抵御敌国的进攻。楚国的这一外交行动，立即引起周围国家的惊恐。

轸的北面有个叫郧的小国，觉得楚和贰、轸结盟将对自己不利，就决定先下手为强，联合随、绞、州、蓼四国，进攻楚国。郧人的军队开到紧靠轸国的蒲骚（今湖北应城西北），等候四国军队前来会合。

屈瑕得悉这一情况，十分着急。他担心五国联军将对楚国构成一定威胁。

这时，大将斗廉献计说："郧人的军队驻扎在自己的郊野，肯定以为我们不会去进攻，没有什么戒心。我们应该抓住这个战机，主动出击，先发制人。请将军在这儿防备四国军队的进攻，我率领精锐部队，连夜进军，对郧人来个突然袭击。郧人对楚国本来就心存畏惧，只想依

仗城墙固守，军队没有什么斗志。我们以迅雷不及掩耳之势，打败鄙人的军队，其他四国军队也就分崩离析了。"

屈瑕接受了这个建议。

这天晚上，楚国军队对蒲骚发起突然进攻，鄙人仓促应战，被打得大败，被迫与楚国签订了城下之盟。四国军队知道了，只好半路上撤军回国。

绞国是汉水上游一个很小的国家，这次也参加了进攻楚国的行动。楚王非常恼火，次年就派遣军队前去讨伐。

楚国军队跋山涉水，很快就到达绞国都城（今湖北郧县西北），在城南安营扎寨。

将士们摩拳擦掌，恨不得马上攻进城去。屈瑕对大家说："绞国只有丁点儿大，绞国人如同井底之蛙，轻狂好战，不懂计谋。我只要略施小计，不费吹灰之力就可以打败他们。"他吩咐了一番，大家便依计分头行动。

楚军没有忙着攻城，却派出很多樵夫上山砍柴，似乎准备长期围攻。樵夫们分头上山，后面也没有士兵保护，偶然碰见绞人，就吓得抱头鼠窜，结果有30余人被抓进城里。

绞人听说抓来很多楚人，纷纷跑来围观。那些抓了俘虏的人，就像战场上凯旋归来的大英雄，得意洋洋。他们添油加醋地说："楚人都是胆小鬼、窝囊废，见了我们只会跑，根本没有招架之力。"

围观的人都非常羡慕，抓了敌军俘虏，立了一件大功不算，家里还可以增加一名奴隶呢！第二天，绞人登上南门城头，察看楚军动向，只见楚军樵夫又上山砍柴了。绞人争先恐后，涌向北门，出城围捕樵夫。

扮成樵夫的楚军见绞人倾城而出，便依计向深山逃去。绞人不知是计，只是一味穷追。想不到这次的楚人可不是窝囊废，绞人追着追着，楚人一会儿就不见了人影，好多绞人还被打伤甚至杀死了。

直到傍晚，绞人也没有抓到几个俘虏，灰溜溜地从北坡下山，准备回城。到了山下，他们才意外地发现，大批楚国军队已经在等着他们了。

原来，屈瑕算准了绞人以为楚国军营在南门外，回城时都走北门，于是派出樵夫后，就带领军队绕到北门外，等待绞人钻进圈套。

绞人想抓俘虏立功，想不到自己反做了别人的俘虏。屈瑕强迫绞国订立了城下之盟，班师回国。

■ 故事感悟

古语说得好："香饵之下，必有死鱼。"用兵谋事也是这样，因为人性中贪婪的一面，常常会使人因利的诱惑而像鱼儿一样咬在钩上。故事中，屈瑕用樵夫诱敌，运筹帷幄，才有了后来的决胜千里。

■ 史海撷英

代楚伐罗 功败自缢

当楚伐绞之时，位于楚都东南的罗国想趁机偷袭楚都。罗国国君命伯嘉到彭水一带（今南河）侦察，但被楚人发现。虽然罗国并没有真的采取袭击行动，楚国却将罗国这种企图牢记在心，想着日后有机会就惩罚罗国。

在楚伐绞的第二年，楚武王遣师讨伐罗国，率领征讨的主帅是屈瑕。楚国大夫斗伯比在为屈瑕送行时，见屈瑕的态度中带有傲慢不屑之色，深感忧虑，便请示武王派兵增援屈瑕。但是，此次伐罗对于楚国而言已是倾军而出，无援兵可派了。

武王听了斗伯比的话未予理睬，斗伯比也没再据理力争。武王回宫后，

还在琢磨斗伯比的建议不知所为何来,于是与夫人邓曼提及此事。

邓曼是个有智慧而明达事理的女人,她对武王说:"我觉得,大夫斗伯比所担心的不是士卒寡不敌众,他所担心的是屈瑕轻敌会导致失败啊!"

武王恍然大悟,急忙派人追告屈瑕,但为时已晚。

屈瑕的战术方针有限,他只能指挥单打一的战役,而对涉及多方的战役和稍显复杂的战局就感到束手无策。征讨罗国不像伐绞那样单纯,屈瑕求胜心切,他为了尽早攻克罗国都城,不断督催军队尽快渡过鄢水(今蛮河),即使队列不整也不顾整理。因此,在渡过鄢水后,楚军已乱得不成队列了。

当队伍接近罗国都城时,正面遇到罗军迎击,背面又突然出现的卢国军队的偷袭,楚军腹背受敌,迅速溃败。屈瑕因退路被卢、罗联军截断,只得向南逃跑。

由于卢、罗联军的追击,屈瑕等人仓皇逃窜,一路逃到荒谷一带(今江陵县境)。屈瑕感到战败无颜面见君王和家乡父老,便自缢身亡;而其他将领则将自己囚禁起来听候判罪处理。武王对臣民说:"这都是我的过错。"于是宽恕了全体将士。

赵充国"穷寇勿追"之计

> 赵充国（公元前137—前52），字翁叔。汉朝名臣、名将。陇西郡上邽人（今甘肃省天水市）人。为人有勇略，熟悉匈奴和氐羌的习性。汉武帝在位期间，随贰师将军李广利出击匈奴，率领700名壮士突出匈奴的重围，被汉武帝拜为中郎，官居车骑将军长史。汉昭帝时，历任大将军（霍光）都尉、中郎将、后将军，率军击败武都郡氐族的叛乱，出击匈奴，俘虏西祁王。汉昭帝去世后，参与霍光尊立汉宣帝，封营平侯。后任后将军、少府。神爵元年（前61），宣帝用他的计策，平定了羌人的叛乱，又进行屯田。第二年，诸羌人投降。赵充国病逝后，谥号壮。汉成帝派人给他画像追颂。

战国军事家孙膑有一次和齐武王探讨军事问题。

齐武王问："攻击走投无路的敌人时，应当采用什么样的方法呢？"

孙膑回答说："不要对他们过于逼迫，要让他们有可能找寻生路。在他们找寻生路的时候，再设法消灭他们。"

无独有偶，汉朝大将赵充国在讨伐西羌时，还真慢着性子不紧不慢地和敌人周旋，终于消灭了敌军。

深思熟虑 □

西汉时期，西北羌族分为很多部族，经常相互攻击。先零羌是其中较大的一支，他们向汉朝要求渡过湟水，到北方没有汉人农田的草原放牧，遭到拒绝。先零羌很恼火，于是联合其他部族，尽释前仇，交质盟誓，背叛朝廷，侵扰边塞。

当时，赵充国已年老，汉宣帝没想派他去讨伐。当宣帝询问朝廷大臣还有谁能担此重任时，赵充国却第一个站了出来，说："没有比老臣更合适的人选了。"

原来，赵充国是陇西人，对羌胡少数民族的生活习惯、风土人情十分了解。他从小羡慕驰骋沙场的将帅，勤学兵法，年轻时参加过进击匈奴的战争，有一次在战斗中身受二十多处伤，武帝连连称叹。汉宣帝见他老当益壮，勇赴国难，就派他率军去平息叛乱。

赵充国率军到达金城（今甘肃皋兰西南）时，因路途遥远，一万多将士都长了很长的胡须，史书上称为"须兵万人"。

军队在渡黄河西进时，赵充国恐遭敌人暗算，先派了一支小部队在黑夜里偷偷率先渡过河去，等他们在对岸立营后，才组织大军过河。

这时，有数百名敌人骑兵赶来，在汉军营旁出入。

赵充国告诫部将："我们这支兵马已经很疲倦了，不可再与敌人驰逐。这些敌骑看来都很骁勇，也许是敌人的诱兵。我们这次征讨，是为了把敌人全部歼灭，这么点小便宜千万不要贪图。"

他又派出游骑，探明前面没有敌人的伏兵时，才挥军前进。

叛军多次挑战，赵充国都坚守不出，以逸待劳，计划先打败以杨玉为首的先零羌叛军，然后以威信招降被胁迫参加叛乱的其他部族。于是赵充国率领汉朝大军，直扑先零羌的营帐。

先零羌人本来就没有打过大仗、经过战阵，赵充国军还未到，他们早已生了懈怠畏战之心。当远远望见汉朝大军向他们开来时，便丢弃物资粮草，狼狈逃窜。

杨玉想带领羌人渡过湟水逃走，因沿途道路狭窄，走得很慢。赵充国也让汉军缓缓地在羌人后面尾随，并不穷追猛打。

有人提出反对意见，认为现在汉军形势有利，应该快速追上去，消灭敌军，结束战斗，怎么能行动如此迟缓呢？

赵充国对他们说："穷寇不可追！我们缓缓地尾随，他们就只顾逃跑而顾不上我们；如果追得太紧，把他们逼急了，他们就会回过头来与我们决一死战了。"

羌人争先恐后地只顾逃跑，过河的时候，自相推挤，淹死了数百人，一路上投降汉军和被杀死的有500多人，丢下的车马牛羊不计其数。

先零羌一败，其他部族就主动投降了。

故事感悟

赵充国缓追穷寇，以免敌人狗急跳墙，最终取得胜利。这是对《孙子兵法》"穷寇勿追"原则的创造性运用。赵充国沉稳的性格，冷静的作战理念，都值得后人去学习。

史海撷英

赵充国征匈奴

天汉二年（前99）五月，汉武帝下令征讨匈奴。赵充国以代理司马的身份，跟随贰师将军李广利出师酒泉，攻打匈奴右贤王。

由于长途跋涉，汉军疲惫劳顿，战斗力很弱，很快被匈奴大军包围，使汉军无法及时补充粮草，从而导致军中缺食，士卒被饥饿和战斗中的伤

深思熟虑

亡所困。

赵充国看到这种情况，判断匈奴一定是想采用围而不攻、迫使汉军投降的策略。此时，摆在汉军面前的有两条道路选择：或拼死突围死里求生，或缴械投降。赵充国向将军李广利建议：我们不能坐以待毙，应想办法尽快突围。

李广利决定采用突围的办法，他让赵充国选拔100多名精兵壮士组织突围。赵充国带领100多名精锐骑兵拼杀开路，李广利则率领全队人马随后跟进。匈奴看到汉军的突围行动，立即前来堵截。双方拼杀激烈，最终汉军突围成功，赵充国全身负伤20多处。

回朝后，李广利向皇帝汇报了赵充国的表现，汉武帝当即召见他，并让他脱下衣服察看了他的伤口。汉武帝赞扬了赵充国，同时提升他为中郎（皇帝的侍卫官），之后又升其为车骑将军长史（军队幕僚的长官）。

冯异施用"变服计"

> 冯异（？—34），字公孙。颍川父城（今河南宝丰东）人。东汉著名军事家。精通孙子兵法，协助刘秀创建东汉政权，随刘秀安定河北，为刘秀偏将军，封应侯，后又封为孟津将军。在多年的行军作战中，冯异为刘秀建立东汉王朝立下了汗马功劳。但冯异谦逊，从不夸已功，诸将并坐论功，他常避于大树下，被誉为大树将军。东汉建武十年，因连年征战，在对陇右的作战中，病故于军中。

东汉初年的时候，开国皇帝刘秀手下有一位善用谋略的战将，名叫冯异，人们又叫他"大树将军"和"变服统帅"。

冯异从小习武强身，参军后刻苦攻读《孙子兵法》，立志做一位优秀统帅。由于他作战勇敢，多谋善断，为人处世又很谦和，深得刘秀的信任，便升他为偏将军。

为什么叫他"大树将军"呢？原来在河南洛阳等地，同各路兵马联合作战后，许多将领经常坐在地上议论自己如何有功劳，应该得到什么样的奖赏，甚至应受到封侯的待遇。

只有冯异从不提及自己的表现，更不参与论功行赏的夸谈，总是独自退避在树下，用树枝在松土上画下一次作战的攻守方案。久而久之，军中便给他起了个绰号"大树将军"。

至于他"变服统帅"的称谓，则是军中将士对他在一次战斗中巧用敌军服装而取胜的褒奖。

公元25年的秋天，山东诸城人樊崇领导的赤眉军（起义者用赤色涂眉作记号，以与官兵相区别）30营，约10余万人马长驱直入长安，绞死了腐化堕落的更始帝刘玄，受到当地百姓的热烈欢迎。

定都在洛阳的东汉皇帝刘秀，感到赤眉军占据长安是对他的最大威胁，所以赶紧派大将邓禹、邓弘率军前去进攻。两人都以为官军武器精良，一鼓作气就可以大获全胜。

于是，邓禹下令官军正面出击，在关中要害地段竟然指挥士兵硬打硬拼，结果接连遭遇失败。这种败局引起了刘秀的不满，他决定派冯异为统帅，指挥各路军队一齐消灭赤眉军。

冯异对众将官说："我们已与敌人相持多日，敌人兵多势众，强行攻打，我们必然损失惨重。倒不如示以恩信，加以诱导，瓦解其军心，再后发制人，方可全歼赤眉军。"

邓禹和邓弘二将自骄妄为，不听从冯异的建议，擅自领兵出击，从白天战到日影西斜，赤眉军佯作失败，并把辎重军械扔在地上。而实际上，车上装的全是泥土，只在上面撒上一层粮豆，看上去和满载的粮车一模一样。

邓弘的士兵经过一天的厮杀，正饥饿难忍，一见到车上有粮食，都像饿狼捕食，拼命争抢。这时，赤眉军突然回师反击，邓弘军毫无准备，措手不及被打得大败。

好在冯异及时赶来救援，邓弘才死里逃生，险些丧命。邓禹在慌乱中逃亡，随身将士24人逃亡到河南宜阳。

冯异收集邓禹、邓弘的残兵败将数万人，又重新组编了官军。这天战斗的夜间，他料想赤眉军必然因为胜利而麻痹轻敌，便派心腹士兵前去与他们约期再战。战前，冯异挑选一部分精明强干的士兵换上赤眉军的衣服，在约定的战场附近潜伏下来。

第二天黎明，赤眉军一万多人向冯异的军营发起了猛烈的进攻，冯异只派出少量的军队迎战。赤眉军看到官兵数量不多，都以为冯异的官军连遭失败，不可能有后备部队了，便倾巢而出，想全部歼灭冯异的部队。冯异见时机已到，便号令各军营里的将士全部迎战，从上午打到下午，双方不可开交，胜负难定。

傍晚，冯异才下令潜伏的士兵全部出击，由于衣服与赤眉军相同，难以识别，赤眉军见状，顿时一片混乱，打也不是，不打也不是，只得落荒而逃。这一仗，赤眉军被俘虏的就有几万人，冯异的军队取得了胜利。

■故事感悟

作为东汉名将，冯异奉命前去镇压赤眉军，这是应该进行历史唯物主义分析的。然而，我们讲述的是他使用变服计的故事，作为一种谋攻的策略，对于启发人们的智慧确有一定的借鉴作用。

■史海撷英

荒亭进粥

刘秀在获取天下之初，冯异就投奔到他的部下担任主簿。

刘秀到达蓟城时，王郎聚众起事，在邯郸称帝。当时，河北各地纷纷

响应王郎，蓟城居然有人悬赏10万金要刘秀的人头，刘秀只好率部百八十人向南疾进。

当时的形势十分危急，刘秀等人不敢入城邑，吃住都在道路旁，十分艰苦。当到达河北饶阳无蒌亭时，因天气寒冷，加之大家饥渴劳顿，已狼狈不堪，而且大家身上都没钱。

冯异见状，就到附近的村子里讨饭，给刘秀送来了一碗热腾腾的豆粥。第二天一早，刘秀就对将领们说："昨得公孙豆粥，饥寒俱解。"这就是著名的"芜亭进粥"。

这个故事与寇恂的"高平斩使"、贾复的"受檄击郾"、吴汉的"无终夺军"、耿弇的"宫台望战"比起来显得有些落魄，但却体现了患难之中更见真情的精神。

冯异在跟随刘秀两年后，刘秀见他具备大将之才，就将部队分出一部分让他带领。不久，冯异因征战有功被封为应侯。

冯异治军有方，爱护士卒，深得部属拥戴，因此，士兵们都愿意做他的部下。

□文苑拾萃

冯异和翟集醋

河南省宝丰县李庄乡的翟集醋有着悠久的历史，据载，其始于秦汉，兴于唐代而盛于明清。

关于冯异和翟集醋的故事，史书有两个记载：一是董国范所著小说《大树将军》，称冯异的外祖父刘老八是一醋匠；二是董国范等人编撰的油印本《李庄乡志》里面提到：东汉建武六年，冯异北上与匈奴作战，当时，军中的许多中原将士在塞外因不服水土而患肠胃病，导致无力征战。于是，冯异命人回到他的故里父城（包括今翟集），运回了千坛陈醋，命令全军用醋作为三餐的配佐食用。几日后,将士们的肠胃病竟然不治而愈,恢复了战斗力,终于打败匈奴。这之后,翟集醋被刘秀封为"官兵御醋",并被纳为贡品。

《李庄乡志》中还记载道:在明朝时期,地方官曾将翟集醋献给明成祖朱棣。朱棣品尝后十分喜爱,封为"御用醋"。

耿弇声东击西获两城

耿弇(3—58)，字伯昭。扶风茂陵（今陕西省兴平市）人。东汉名将，曾任大将军，封好畤侯。

新莽末年，琅琊人张步聚集了几千人马，自称五威将军，割据本郡。不久又与梁王刘永联合，占据齐地十二郡，被刘永封为齐王。

刘秀派建威大将军耿弇攻打张步。张步得报知耿弇大兵将至，派大将费邑在历下、祝阿、泰山、钟城一带布设数十营寨抵御。

这天早晨，耿弇大军将祝阿城团团围住，令旗一挥，鼓角齐鸣，刀枪映日，大军四面攻城。守军顽强固守，矢石乱飞，喊声动地。由于壕深城固，直到中午，祝阿城也没能攻下来，耿弇见此情景，果断命令："停止对东城的进攻，撤去对东城门的包围，加紧其他方面的进攻。"

祝阿城守军早已身心俱疲，一见东门撤围，立刻有一部分人马从东城门逃向钟城。钟城守军本来就人心惶惶，一见祝阿逃军涌来，以为祝阿已破，耿弇大军一定随后就到，不等祝阿逃兵到城下就弃城逃跑了。

祝阿城内守军因东城守军逃跑，军心动荡，斗志全无，耿弇大军很快攻下祝阿，并占领了钟城。

费邑派他的弟弟费敢守卫巨里，自己坐镇历下，自以为是万全之策。虽然祝阿、钟城失守，但费敢自恃城坚墙厚，粮草充足，只是固守，不与耿弇交战。

耿弇深知巨里易守难攻。他先调大军包围巨里，让士卒砍伐大量树木，并扬言要填壕攻城，还大肆修造攻城器械。一切安排就绪，耿弇下令："三天后全力攻打巨里城。"一面暗中让看守俘虏的人故意放松戒备，放跑了几个抓获不久的费邑的士卒。

第三天，费邑果然率精兵3万前来增援。这时，耿弇已布置就绪，他分兵3000人封锁巨里城，然后亲率精兵占据附近的小山，居高临下，冲击费邑军。费邑慌忙迎战，被耿弇打得落花流水，费邑起初还勉力支持，后来自己也被乱军斩于马下。耿弇一鼓作气，扫平了费邑苦心经营的40余寨。费敢一看大势不妙，弃城逃归张步，济南一带就这样被耿弇平定了。

这时，张步在剧都，被迫重新布置防务。他收缩兵力，调集各地兵马一万余人守临淄，派弟弟张蓝率精兵两万驻守西安（今山东临淄西）。两城相距不过40里，成犄角之势，互为支援。

耿弇进军画中，驻军两城中间，切断了西安、临淄两城的联系，然后侦察二城的守备情况，发现西安城虽小但坚固，且精兵尽在于此；临淄虽然城大、名气大，但兵少，又是些杂牌军拼凑而成。于是，耿弇扬言5天后合兵攻打西安。张蓝闻讯，不管白天黑夜均严加戒备，不敢有一丝松懈。

到了约定攻城的日期，夜半时分，耿弇命令将士饱餐一顿，然后整顿兵器披挂，天亮前必须赶到临淄城下。护军荀梁对此有异议，他说："进攻临淄，西安必然来救；如果攻西安，临淄肯定不会去救援，不如先攻西安。"

耿弇笑着说:"可不是那么回事,西安守军听说我们要攻击西安城,日夜防备,他们自己还顾不上,怎么有闲心去救援别人?我们出其不意攻打临淄,临淄守军必然惊慌失措,一天之内肯定能攻下。拿下临淄城,就切断了西安与剧县的联系,西安就可不战而得,这就是所说的'击一而得二'啊。如先攻西安,短时间内是打不下来的,而且西安城池坚固,我方死伤一定很大。就算打下来了,张蓝领兵退到临淄,二城合兵,临淄也不好打了。现在我们已深入敌人腹地,后勤供应没有保障,如果十天半月之间不能取胜,那问题可就大了。"于是大军进攻临淄。

耿弇大军突然出现在临淄城下,临淄守将根本没有思想准备,不由惊慌失措。仅仅半天时间,耿弇就拿下了临淄城。临淄失守,张蓝孤立无援,只得放弃西安,逃回老巢剧都,最后终于逃脱不了失败的命运。

■故事感悟

耿弇声东击西,出敌不意,一战而下两城,进攻的手法可谓高明。军事艺术,真是奥妙无穷。

■史海撷英

刘秀击灭赤眉

建武元年十月,刘秀定都洛阳。此时,长安时局非常混乱,赤眉军拥立傀儡小皇帝刘盆子建立了建世政权,拥兵30万众进逼关中。更始帝遣各位大将与赤眉军交战,均大败而归,死伤惨重,令朝廷震动。不久,更始帝提出投降,被封为长沙王,但不久后被赤眉军吊死。刘秀听说绿林、赤眉两大起义军发生了火并,于是就派邓禹入关中去观察,随时关注时局的变化。

这时期，三辅大闹饥荒，出现人吃人的现象，城内和郊外人烟稀少，白骨遍地。赤眉军数十万人马拥在长安城内，没几天粮草开始缺乏，军队只得撤出长安，西走陇右以补充粮草，结果被割据陇右的军队所败。此时正值严冬季节，遇到大雪，许多士兵被冻死，赤眉数十万大军只得东归再次折回长安。赤眉军与驻守在长安的邓禹军多次交战，终于击败了邓禹军，迫使其退出长安。

刘秀见邓禹的西征军不利，又派冯异前往关中代替邓禹指挥西征大军。冯异到后和邓禹联合，共同与赤眉军再战，结果大败。冯异率少数人弃马步行才得以脱身，邓禹则败走宜阳。

不久，冯异军与赤眉军再次大战于崤底（今河南渑池西南）。此前，冯异事先选精壮士兵换上与赤眉军一样的装束，埋伏在道路两侧。待双方皆已力衰时，伏兵立即杀出，赤眉军惊溃大败，被冯异迫降者8万余人。"崤底之战"使赤眉军再遭重创，加之粮草已尽，不得已再次转向东南方补充粮草和人马。

早在崤底之战前，刘秀鉴于关中大饥人相食，而隗嚣的重兵又在西方盘踞的局面，料到赤眉军一定会向东或南运动，于是先派遣将军侯进屯于新安（今河南渑池东），大将军耿弇屯于宜阳（今河南宜阳西），在东、南两个方向设下了堵截赤眉的东南之路。当刘秀得知冯异在崤底破赤眉军，迫使赤眉军主力十多万众南下走宜阳，刘秀便亲自引大军驰援宜阳一线与耿弇会合，共同阻击赤眉军的南下。

刘秀亲率六军在宜阳前线摆开阵势等待赤眉军。赤眉军自崤底战败后，已是疲劳不堪，且粮草缺乏，士气低落到了极点。他们从关中向南撤退行至宜阳，迎面撞上了刘秀布下的重兵。

此时，赤眉军已无力再战，加之后有冯异的大军尾追，陷入绝境的赤眉军在尚有十几万兵马的情况下，在宜阳被迫请降，并向刘秀呈上了从更始帝那里得到的传国玉玺和更始帝的七尺宝剑。

深思熟虑

至此，起自新莽天凤五年，纵横山东十余年的赤眉军被刘秀彻底剿灭。

■ 文苑拾萃

有志者事竟成

耿弇加入汉光武帝刘秀的军队后，作战英勇，屡建战功，被任命为大将。有一次，刘秀派耿弇去攻打山东青州的豪强张步。

张步兵强马壮，实力很强，听说耿弇率兵前来，就派大将军费邑等分兵把守三地：历下、祝阿、临淄。耿弇先攻下祝阿，接着一鼓作气，又攻下历下和临淄。

这可急坏了张步，他亲自率兵反攻临淄。强强相遇，战斗十分激烈。不幸，耿弇大腿中了一箭，他当即用佩刀砍断箭杆，带伤坚持战斗。刘秀闻讯，亲自带兵前去支援。

这时，耿弇的部将张俊建议暂时休战，张步的兵力太强，还是等待援兵合力回击。耿弇分析情况，认为能够取胜，在这种情况下，不能把困难留给别人。经过一场生死搏斗，耿弇终于把张步打得大败。

几天后，刘秀来到临淄，在众多官兵面前赞扬耿弇："从前你在南阳曾建议请求平定张步，我当时认为你的口气太大，恐怕难以成功。如今才知道，有志者事竟成啊！"

虞诩"增灶"惑敌

> 虞诩（？—137），字升卿，小字定安。东汉名将。陈郡武平（今河南省鹿邑县西北）人。汉安帝时，他为朝歌（今河南省汤阴县西南）县令，后担任武都太守，平定羌人之乱。汉顺帝时期，担任司隶校尉，弹劾罢黜中常侍张防。因为触犯权贵，曾经9次遭到谴责，3次遭到刑罚。后官至尚书令。

东汉时，居住在陇西（今甘肃西部）一带的羌人屡次叛乱，反抗汉朝的统治。为了安定局势，邓太后任命有将帅之才的虞诩为武都太守，率军前往镇压。

羌人得知消息后，马上聚集数千人，盘踞在去往武都（今甘肃成县西）的必经之路陈仓、崤谷（今陕西大散关一带）之间，阻截赴任的虞诩。因道路受阻，虞诩只得在陈仓附近停止前进。

当时，虞诩只带了一些随身护送的兵卒，人数远远少于羌人。虞诩便派人到处散布说："现在汉军正上书京师，请求朝廷增派援兵，援兵到后，再向武都进发。"

羌人以为虞诩兵少胆怯，暂时不敢过陈仓，便分兵抢掠附近州县。

于是，虞诩就借羌人分散之机，马不停蹄，日夜兼程，穿过陈仓。当羌人知道消息后，已经来不及了，只好跟着追赶。

过了陈仓后，虞诩命令士兵在埋锅造饭时，每人挖两个灶，每过一天增加一倍，即第二天4个，第三天8个……并以每天200里的速度行进。羌人察看虞诩军队驻扎过的地方，发现灶坑逐日增多，误以为汉朝援兵已到，就不敢再贸然追赶了。

对此，有人不解，问道："过去，孙膑减灶，而您却增灶；兵法明明说日行军不超过30里，而今日一气赶了200里，不知是何道理，请您指教。"

虞诩说："敌虏众多，我方兵少，如果行军缓慢就容易被他们追上，急行军是让他们摸不着我们的虚实。敌虏见我灶坑日增，必以为郡兵来迎，便不敢再追。孙膑减灶示弱，是引诱敌人出击；我们今日增灶示强，是叫敌人不敢追我们。形势不同，做法当然也就不同了。"

到了武都之后，虞诩发现郡中的兵力不满3000人，而羌军有一万多人，围攻赤亭（在武都附近）数十日，情势十分危急。虞诩审时度势，命令士卒把强弓藏起不用，先发小弓射击敌人。羌人看小弓的力量很弱，射不远，便不把虞诩的军队放在眼里，全力向赤亭发动猛烈进攻。

等羌人冲到近前，虞诩令士卒拿起强弓，每20支箭共同瞄准一个人，箭无虚发，被射者无不应声而倒，羌人大为惊恐，败下阵去。虞诩乘胜出城追杀，羌人不得不远离赤亭安营下寨。

第二天，虞诩拉出全部人马摆下阵势，让士卒从东边城门出去，从北边城门进来，互相换穿衣服后，再从北门出去，从东门进来，来回穿行。城外羌人看见汉兵像走马灯似的，不知道城里到底有多少军队，更加惶恐不安。

虞诩估计羌人军心不稳，便偷偷地派500余人在浅水处设下埋伏。

羌人果然慌不择路，遇水挑浅的地方踏渡，伏兵出其不意发起攻击，斩获甚多，敌人四下溃逃。

战后，虞诩亲自察看地势，在武都一带建筑营垒180座，招流亡在外的人回乡，赈济贫民，巡行河谷，自沮至下辨数十里，烧石伐木，开漕船道。

虞诩到武都上任后不久，百姓便家给人足，一郡平安。

故事感悟

增灶和减灶，均是借灶的增减向敌人传递某种消息的一种手段。一般说来，强者减灶示弱，如孙膑；弱者示强，如虞诩。这需根据敌我双方力量对比和战场具体情况而定。虞诩增灶取得预想的成功，实在是深通兵法奥妙。

史海撷英

虞诩被罢官

汉顺帝永建元年（126），虞诩接替陈禅担任司隶校尉之职。司隶校尉位高权重，职责之一是督察百官。虞诩上任几个月的时间内，连续奏免了太傅冯石、太尉刘熹，弹劾了中常侍程璜、陈秉、孟生、李闰等多人。

这一系列行动使文武百官心中惊悚，认为他过于苛刻。于是，三公上表，说虞诩在盛夏时节，不顺天地长物之性，拘捕关押大量无辜之人，是为害官吏百姓的行为。

虞诩上表辩解说："法禁者俗之堤防，刑罚者人之衔辔。今州曰任郡，郡曰任县，更相委远，百姓怨穷，以苟容为贤，尽节为愚。臣所发举，臧罪非一，二府恐为臣所奏，遂加诬罪。臣将从史鱼死，即以尸谏耳。"

汉顺帝知道虞诩忠贞，没有加罪于他，还免去了参奏虞诩的司空陶敦的职务。这时，中常侍张防弄权舞弊，经常受人请托收受贿赂。虞诩查办这些案件，但屡次上书都被上司押下而不予批复。

虞诩非常气愤，让人把自己捆起来，自己来到廷尉狱中坐牢，同时上书说："昔孝安皇帝任用樊丰，遂交乱嫡统，几亡社稷。今者张防复弄威柄，国家之祸将重至矣。臣不忍与防同朝，谨自系以闻，无令臣袭杨震之迹。"（《后汉书·虞诩列传》）

虞诩的章奏到皇帝那里，张防在皇帝面前流泪辩解，并且诬告虞诩，虞诩因此而被免官为徒。

文苑拾萃

盘根错节

解释：盘：弯曲；错：交错；节：枝节。树木的根盘曲，枝节交错。比喻事情艰难复杂。

出处：晋·袁宏《后汉纪·安帝纪一》："不遇盘根错节，无以别坚利，此乃吾立功之秋，怪吾子以此相劳也。"《后汉书·虞诩传》："志不求易，事不避难，臣之职也。不遇盘根错节，何以别利器乎？"

赤眉"佯败"破邓禹

> 邓禹（2—58），字仲华。南阳新野人。东汉初年军事人物，曾协助汉光武帝建立东汉，是"云台二十八将"之首。他在东汉建立之后一直担任政府官职，后来最高担任太傅。死后谥元侯。

东汉初年，长安附近，三辅地带，经过多年的战乱，年成歉收，粮食奇缺，甚至出现了人吃人的悲惨景象。昔日繁华的城镇，也见不到几个人在街上行走，千里原野，不见炊烟，满眼只见累累白骨。

就在这片土地上，赤眉农民军还在进行着一场艰苦卓绝的战斗。刚刚窃取农民起义胜利果实建立东汉政权的光武帝刘秀，对农民军进行了残酷的镇压。

20万赤眉大军面临着军粮奇缺的严重局面，刘秀企图借此机会消灭赤眉军。他召回大将邓禹，面授机宜说："你千万要慎重，不要轻易和赤眉作战。赤眉没有粮食，自然会往东边来。我们只要以逸待劳，以饱待饥，消灭赤眉，易如反掌。"

刘秀又任命冯异为征西大将军，在洛阳以西的渑池和西南的宜阳一带堵截东归的赤眉军。

邓禹曾经和赤眉军交战过很多次，每次都被打得落花流水，心里非常恼火，就带领车骑将军邓弘等人来见冯异，约他同时进攻赤眉军。

冯异说："我和赤眉军相持了几十日，虽然俘虏了几个猛将，但赤眉军骁勇善战，兵多将广，不宜贸然出击。"

邓弘年轻气盛，插嘴说："将军身负重任，难道就这么相持下去吗？"

冯异很不高兴地望了他一眼，接着说："皇上让我驻扎在渑池，阻击赤眉东归。等到时机成熟，我再绕到他们背后，东西两面夹击，就能一举取胜了。"

邓禹早已急红了眼睛，哪耐得住性子。他听不进冯异的劝告，立即命令邓弘率自己的部下向赤眉军发起进攻。

赤眉军和汉军一场恶战，从日出打到日落。第二天，双方接着再战，打着打着，赤眉军似乎支持不住，渐渐向后退却。邓弘见状，立即下令追击。

赤眉军退走的路上，七零八落地丢弃了很多东西，最引人注目的，是一辆辆装满大豆等粮食的车子。汉军的军粮也很缺乏，很多士兵都是饿着肚子在打仗，一看到这么多粮食，欣喜若狂，争先恐后地涌了上去，抢夺粮车。"这是我们的！""这归我们了！"一群群士兵推着粮车就走，更多的人继续围上来争夺。邓弘怎么也制止不住，全军大乱。混乱中，有些士兵拿起袋子往里面装粮食，却意外地发现，除了表面一层是粮食，下面装的都是泥土！等汉军知道上当，已经迟了。

赤眉军突然杀了个回马枪，汉军毫无准备，还没来得及组织起有效反击，就被打了个措手不及，狼狈逃窜，再也没人抢粮了。

冯异和邓禹闻讯，连忙率领大队人马赶来救援。赤眉军避其锋锐，早已撤离战场。

冯异见汉军被打得七零八落，士兵们一个个无精打采，只好说："大家也实在太饿太累了，还是暂时休整一番吧！"

邓禹仍然不听，执意要找赤眉军决一雌雄，结果遭遇更大的惨败。汉军死伤3000多人，邓禹只带了24个骑兵逃回宜阳。冯异更是狼狈，弃马而逃，只身爬到一个荒凉的山坡上，后来在几个部卒的帮助下，才逃回营地。

■故事感悟

轰轰烈烈的赤眉农民起义虽然失败了，但他们采用佯败之计，以豆覆土，引诱敌人，大败邓弘，这也是古代战争史上的精彩篇章，说明农民起义军中也不乏巧于运筹、深谙韬略的军事人才。

■史海撷英

建世政权的始末

21年，赤眉军起义爆发，王莽派大将军景尚进行镇压。第二年初，王莽军队被赤眉军打败，景尚被杀。

随后，王莽又派更始将军廉丹、太师王匡率十几万大军在无盐（今山东东平）与赤眉军决战，结果王莽军再次大败，王匡逃跑，廉丹等二十多名将领被杀。

无盐大战后，赤眉军在黄河南北纵横驰骋，队伍日渐壮大。

23年，绿林军北路军攻克洛阳，更始帝从宛城迁都洛阳。赤眉军首领亲自到洛阳，表示愿意与更始政权合作。但更始帝却采取了冷漠应付的态度，只册封了樊崇等20多人为列侯，而且无权无禄。

这使樊崇等人感到受辱，愤然离开洛阳，回到赤眉军营地。但赤眉首领的这一行为遭到绿林军的鄙视，致使绿林、赤眉两军分裂。

深思熟虑

　　第二年冬，赤眉军拥兵30万，分两路进攻长安，欲取代更始政权。当赤眉军走到华阴县时，决定拥立一个姓刘的皇族，以伸张正义为名，名正言顺地讨伐更始帝刘玄。

　　于是，他们在军中找到一个15岁的放牛娃刘盆子，拥立他为"上将军"（樊崇等人认为古代皇帝带兵打仗自称上将军，上将军就是皇帝）。随后，在樊崇的安排下，赤眉军建立了"建世政权"，并宣布：徐宣为丞相，樊崇为御史大夫，逢安为左大司马，谢禄为右大司马。

　　赤眉军撤出关中向南而退，被刘秀大军堵截在崤山谷底（今河南渑池、洛宁两县之间的崤山）。激战之后，赤眉军死伤过半，余部东退到今河南宜阳，但又陷入刘秀的重重包围中。

　　由于连日征战的劳顿和饥寒交迫的处境，赤眉军已经毫无战斗力，到了走投无路的境地。于是，赤眉军派刘恭觐见刘秀请降。

　　第二天，刘盆子和丞相徐宣以下的官员，袒胸露背到刘秀军营投降，献出了西汉王朝的传国玉玺、绶带和更始帝的七尺宝剑，建世政权灭亡。

▊ 文苑拾萃

长 安

　　长安是中国历史上的著名都城，其位置由于历史原因有过迁徙，但大致位于陕西的西安和咸阳附近。历史上，先后有17个朝代及政权建都于长安，总计建都时间超过1200年。

　　长安也是中国历史上建都朝代最多和影响最大的都城，被列为中国四大古都之首。同时，它也是与雅典、罗马和开罗齐名的世界四大文明古都之一。

　　长安，意为长治久安。唐代时期，长安城下还设有万年县和长安县，取万年长安之意。在建都长安的诸多朝代中，汉朝、隋朝和唐朝是中国历史上最强盛的时期，当时的长安已成为国际性的大都市。长安在公元前195—公元25年、580—900年的两个时间段里，都曾是世界上最大的都市。

皇甫嵩灵活用兵

皇甫嵩（？—195），字义真。安定（今甘肃镇原东南）人。中国东汉末期将领。皇甫嵩少有大志，好《诗》《书》，习弓马。灵帝时任北地太守。黄巾起事后，史载"州郡失据，长吏多逃亡。旬日之间，天下响应，京师震动"，朝廷派遣北中郎将卢植讨张角，左中郎将皇甫嵩、右中郎将朱儁各领一军，共讨颍川黄巾。当时百姓如此歌颂皇甫嵩："天下大乱兮市为墟，母不保子兮妻失夫，赖得皇甫兮复安居。"中平二年（185），凉州王国起兵围陈仓。朝廷再度起用皇甫嵩为左将军，其后皇甫嵩平定"王国叛乱"。董卓掌权后，皇甫嵩入京为城门校尉。董卓死后，皇甫嵩升太尉。兴平二年（195）病逝。

东汉末年，中原地区爆发了声势浩大的黄巾大起义。同时，西北的胡人和羌人也在陇西、金城等郡起兵，反抗东汉统治。一时狼烟四起，西陲大乱。

金城人韩遂、原凉州司马马腾联合推举王国为首领。他们打败前去镇压的东汉军队，攻占了陇西地区的主要城池，接着挥师向三辅地区进

击,包围了重要的军事据点陈仓(今陕西宝鸡),陈仓告急。

朝廷急忙任命皇甫嵩为左将军,董卓为前将军,统兵4万,前往救援。皇甫嵩当时是镇压黄巾起义的一员主将,曾经多次打败农民军,收复了许多城池。

皇甫嵩受命之后,没有立即下令进军救援。董卓见此情景,便对皇甫嵩说:"陈仓已经很危险了,速救还能保全,迟了将会失陷。陈仓的存亡全靠我们的救援,请将军赶快发兵吧!"

皇甫嵩回答:"不能这样。百战百胜,不如不战而屈人之兵,所以应该先使我军处于战无不胜的地位,再打击不堪一战的敌军。陈仓虽然是个小地方,但城池坚固,守御有备,不会轻易被攻破的。王国虽然兵多将广,但如果对陈仓久攻不下,旷日持久,部众就会疲于战阵。王国攻打陈仓,将会使他自己陷于危境。而等到敌人疲惫的时候,我们不必兴师动众,就能稳操胜券。现在何必匆忙去救援呢?"

董卓虽心中不服,但也只得作罢。

王国的军队围攻陈仓,从头年冬天到第二年春天,持续了80多天,终如皇甫嵩所料,没能把城攻破。由于长期围攻坚城,伤亡不少,士卒疲惫,只好撤围离去。

这时,皇甫嵩便乘势挥军前进。

当部队开始行动时,董卓却阻拦说:"不能贸然进攻。兵法上不是说'穷寇勿追,归师勿遏'吗?我们现在去追击敌军,不正是追穷寇、遏归师吗?这些用兵的原则,我们怎么能够违反呢?"

皇甫嵩回答说:"不能这样照搬兵法。以前,我们不发兵救援陈仓,是为了避开敌人的锐气;现在挥师追击敌军,则是因为敌人久攻坚城,已经疲惫不堪。我们追击的是一支疲惫之师,而不是主动撤围的归师。王国的兵众既然是攻城失败而退走的,就说明他们已经丧失了斗志,军心已乱。我军一直在休整待战，士兵们的临战状态极佳，这是以整击乱，并非是追击穷寇。"

于是皇甫嵩独自率领大军追击，让董卓做后卫。汉军连战皆捷，把王国的军队打得溃不成军，杀敌万余人。

陈仓败退后，韩遂等人废掉王国，后来因内部争权夺利，相互火并，力量逐渐削弱。

在这次战役中，皇甫嵩表现了超群的军事才能，而董卓两次建议都被皇甫嵩否决，并被战局的发展证明是错误的。董卓为人心胸狭隘，从此极为嫉恨皇甫嵩，再也不肯和他一起出征打仗。

董卓把持朝政以后，借故把皇甫嵩投入牢狱，还要杀他。皇甫嵩的儿子皇甫坚寿和董卓友善，连忙从长安赶到洛阳。董卓正在大摆酒宴，坚寿当众据理力争，并磕头流血，赴宴的客人也都跪下求情，董卓才作罢。董卓被杀后，皇甫嵩又担任征西将军。

■故事感悟

《孙子兵法》说："故善用兵者，避其锐气，击其惰归，此治气者也。"皇甫嵩因敌情的变化而灵活用兵，运筹帷幄，在战争指挥上是成功的。

■史海撷英

皇甫嵩的为人

皇甫嵩是东汉末年军事家，官至太尉。他为人仁爱谨慎，尽心国事。他在任期间，上表陈辞、劝谏或有所补益，一共500多次，每次都亲自书写奏文，完成之后毁掉草稿，一点儿也不宣露于外。

在军旅中，他非常体恤士兵，每次部队停顿宿营，他都要等所有的营

幔修立妥当后才回自己的军帐。将士们全部吃完饭后他才吃饭，因而得到了广大官兵的尊重和喜爱。

皇甫嵩管理属下有一套自己的方法。发现部下吏士有受贿赂的人，皇甫嵩并不公开责备，而是再赐给他钱物。这样的方法使吏士自己认识到错误而惭愧，不仅不会再犯，有的甚至惭愧得自杀了。

皇甫嵩还很尊重有见识有能力的人，当时，许多人都很钦佩他，纷纷投奔他，成为他的属下。

《后汉书·皇甫嵩传》里写道："嵩，为人爱慎尽勤"。

司马师听鼓知敌情

司马师(208—255),字子元。三国时期魏国后期权臣,官至大将军,是西晋开国君主晋武帝司马炎的伯父,司马懿的长子,司马昭的兄长。司马师沉着坚强,且有雄才大略,与夏侯玄、何晏齐名。继承父权后,打败诸葛恪,削弱及控制了魏国政权。司马昭受封晋王,追封其为晋景王;司马炎登位后,追封其为晋景帝。

曹魏大权旁落,司马氏一门把持朝政,连皇帝也由司马氏生杀予夺。一些手握重兵的将领不满司马氏的做法,纷纷兴兵叛乱。

镇东大将军毋丘俭、扬州刺史文钦在淮南一带发动军事反抗,假托太后的手令,移檄各地,还分别派四个儿子到东吴作为人质,求取援兵。随后,毋丘俭、文钦率领6万兵马渡过淮河,向西进攻。

司马师当时正生着眼疾,仍亲自率领10余万兵马征讨叛军。

叛军一路势如破竹,很快就占领了项城(今河南周口)。司马师驻军汝阳(今河南商水西北),加紧构筑工事,等待东部军队集结来援。

诸将纷纷请战,要求率部强攻项城。司马师说:"你们只知其一,

不知其二。淮南将士本来没有叛乱的意愿，只有毋丘俭、文钦二人梦想侥幸发迹，鼓三寸之舌，惑人视听，以为远近都会响应。想不到他们起事的时候，连淮北都不肯跟从。我率军征讨，他们的部将相继投降，所以这会儿毋丘俭、文钦心里正慌着呢！担心内乱外叛，又自知必败，就像被困在笼子里的猛兽，特别想跟对手拼斗。速战正好合了敌人的心意，虽然必定能攻克，但我军伤亡肯定也会很大。不如等城内将士自觉受骗，就能不战而胜了。"

于是，司马师分派将领断绝了叛军的归路，然后派邓艾带了一小股部队进驻乐嘉，故意向敌人示弱，引诱他们进攻。文钦果然带领自己的兵马前来攻打邓艾。司马师却暗中亲率大军从近路直奔乐嘉，和文钦在途中相遇。两军结阵待战。

文钦的儿子文鸯，年纪才18岁，勇猛善战，是叛军中的一员骁将。他向父亲建议："趁着敌人阵势还没有安定下来，我们登城鼓噪而出，一定能够击破他们。"

父子俩商议定了，便分头行动。文鸯登上城头，擂了三遍战鼓，文钦那边却没有反应。

司马师高兴地对部下将领说："文钦要逃跑了。"遂命令精锐部队追击。

诸将都不相信，说："文钦是位久经沙场的老将，文鸯年纪虽轻，却也是员虎将。他们带领军队来进攻，并没有打败仗，怎么会逃跑呢？"

司马师解释道："古人说过，第一次击鼓可以鼓舞士气；第二次击鼓时，士气有所衰退；第三次击鼓时，士气已经消失殆尽。刚才文鸯擂了三遍鼓，文钦都没有反应，说明敌军士气低落，进攻的势头消灭了，不逃跑还等什么呢？"

文鸯果然引兵和文钦相会，准备向东撤退。文鸯说："不先冲杀一

33

阵，打击一下追兵的军势，我们很难脱身。"于是亲自带领十来个最勇猛的骑兵，向司马师的军队冲杀过来。

这会儿司马师的眼睛痛得受不了，正让随军医生给他割眼瘤。听说文鸯来攻，惊吓得眼球都快掉出来了。司马师害怕军队惊恐，就把头蒙在被中，忍着撕心的疼痛，咬破了好几处棉被，也没让身边的人知道。

文鸯冲锋陷阵，所向披靡，然后迅速回马东逃。司马师传令骑兵、步兵紧随其后，穷追不舍，终于大败叛军，文钦父子只带了少数亲信逃走了。

毋丘俭听说文钦兵败，连夜扔下部众向淮南逃窜，不久被追兵杀死。

◼故事感悟

《孙子兵法》说："三军可夺气，将军可夺心。"战争中，士气和将心二者缺一不可。故事中，文鸯虽然勇猛善战，却是叛乱之师，士气低落，必然失败。司马师听鼓声预知敌人退兵，可谓精通兵法。

◼史海撷英

司马师掌朝政

正元元年（254）春正月，曹芳与中书令李丰、后父光禄大夫张缉、黄门监苏铄、永宁署令乐敦、冗从仆射刘宝贤等人，想让太常夏侯玄代替司马师辅政。

司马师获知后，便想以"废易大臣"之罪为名，将这些人连同夏侯玄全抓起来并灭其三族。秋天九月，司马师以"天子已长，却不理朝政，整日只知与小优郭怀、袁信等人裸袒淫欢"为由，奏请皇太后郭氏废少帝曹芳,押往山东临淄的"齐国",做所谓的"齐王"。

十月,司马师以"长辈不可继承晚辈"为理由,奏请皇太后郭氏出面,主张立魏明帝的侄子、与曹芳辈分相同的高贵乡公14岁的曹髦为帝。

司马师扶立了曹髦为帝后,便将嘉平六年十月改为正元元年十月。

■ 文苑拾萃

《晋书·景帝纪》节选

景皇帝讳师,字子元,宣帝长子也。雅有风采,沈毅多大略。少流美誉,与夏侯玄、何晏齐名。晏常称曰:"惟几也能成天下之务,司马子元是也。"魏景初中,拜散骑常侍,累迁中护军。为选用之法,举不越功,吏无私焉。宣穆皇后崩,居丧以至孝闻。宣帝之将诛曹爽,深谋秘策,独与帝潜画,文帝弗之知也。将发夕乃告之,既而使人觇之,帝寝如常,而文帝不能安席。晨会兵司马门,镇静内外,置阵甚整。宣帝曰:"此子竟可也。"初,帝阴养死士三千,散在人间,至是一朝而集,众莫知所出也。事平,以功封长平乡侯,食邑千户,寻加卫将军。及宣帝薨,议者咸云"伊尹既卒,伊陟嗣事",天子命帝以抚军大将军辅政。魏嘉平四年春正月,迁大将军,加侍中,持节、都督中外诸军、录尚书事。命百官举贤才,明少长,恤穷独,理废滞。诸葛诞、毌丘俭、王昶、陈泰、胡遵都督四方,王基、州泰、邓艾、石苞典州郡,卢毓、李丰掌选举,傅嘏、虞松参计谋,钟会、夏侯玄、王肃、陈本、孟康、赵酆、张缉预朝议,四海倾注,朝野肃然。或有请改易制度者,帝曰:"'不识不知,顺帝之则',诗人之美也。三祖典制,所宜遵奉;自非军事,不得妄有改革。"

拓跋珪制敌用"攻心术"

拓跋珪（371—409），又名涉珪、什翼圭、翼圭、开。北魏开国皇帝（386—409年在位），鲜卑族人。他是代王拓跋什翼犍的孙子，献明帝拓跋寔和贺兰氏的儿子。376年，前秦灭代国，拓跋珪被其母亲贺兰氏携走出逃。385年，14岁的拓跋珪趁前秦灭亡、北方混乱的机会重兴代国，在盛乐即位为王，又在次年改国号为"魏"，是为北魏，改元"登国"。然而，进入中原后的拓跋珪在民族矛盾的困扰下，变得残暴、冷酷以至于精神失常，最终被自己的亲生儿子拓跋绍刺杀，死时年仅38岁，在位24年。拓跋珪谥号为道武皇帝，庙号烈祖。

后燕时，太子慕容宝率领10万大军进攻北魏。

北魏谋士张衮向北魏道武帝拓跋珪献计说："伪燕近年在滑台、长子二地连打胜仗，慕容宝乘胜而来，士气旺盛。我们不能和他正面交锋，不如暂时避避，等敌军锐气消退，再伺机出战。"

于是，北魏军队退到河西，慕容宝随即进驻五原（今内蒙古五原县），与魏军隔河相望。拓跋珪同时派军队切断燕军的后路，使燕军不能和国内互通音讯。

慕容宝在五原听说北魏部署在河北河西等地的军队有17万之众，不敢贸然过河进攻，又担心国内局势，内心十分焦急。

原来，慕容宝处事一向优柔寡断。他的兄弟慕容麟奸诈自负，很看不起他。皇后也向慕容垂建议说："慕容宝只能守成，不是济世大才，应该另立太子。"这次慕容宝出征以前，慕容垂已经身染重病。"万一父皇去世，国内会不会有什么变故？"慕容宝心中忐忑不安。

拓跋珪得知燕军主将的这种不安心态，大喜过望，决定采取攻心战术。

有一天，慕容宝独坐军营，一筹莫展，忽然听到对岸北魏士兵正高声叫喊，仔细一听，不由大吃一惊。原来对岸喊的是："慕容宝，我们的使者从燕国回来说，你父亲死了，还不快快回国去。"

这时，他的几个随军出战的兄弟慌慌张张地闯了进来，一个个满脸悲戚之色。慕容宝起初还有点半信半疑，架不住对岸一阵猛喊，加上几个兄弟相互情绪感染，以为父皇果真死了。

慕容宝六神无主，就去向军中占卜师靳安请教。靳安占了一卦，说："快退军，可以免祸。"

慕容宝一听，更加惊慌失措。

这天晚上，慕容宝烧掉所有船只，连夜班师回国。当时黄河水面还没有全冻上冰，慕容宝以为魏军不能渡河，就一路只顾撤退，沿途连探子也没有布置。

不料过了几天，气候急骤变冷，河面结上了一层厚厚的冰。拓跋珪大喜，立刻挑选了两万骑精兵，轻装急追，昼夜兼程。

第七天傍晚，拓跋珪率军追到参合坡西（今山西左云县西北），探子报告说，后燕军队在坡东小山下安营过夜。这时，忽然刮起一阵大风，天上顿时黑云滚滚，看上去像一道道堤防，或高或下，覆盖了后燕军营。靳安担心地说："今天猛刮西北风，应该加强警卫，派人沿来路侦查一番，而且要尽快离开这鬼地方，不然怕有危险。"

慕容宝虽内心恐慌，却不相信追兵来得这么快。勉强派出的士兵往回走了十多里就下马睡起大觉，哪里能发现魏军已到跟前了。

深夜，拓跋珪把部队分成两股，命令士兵一声不发，塞住马口，神不知鬼不觉，从东西两面包围了敌人军营。

第二天天刚亮，魏军士兵如猛虎下山，从两面山坡上向燕军营帐冲去。很多燕军士兵还沉睡在梦中，就被一阵叫喊声惊醒："魏军追来了！"燕军营帐内外一片混乱，士兵们惊慌奔走自相践踏，一会儿就死伤了几万人。另外四五万人也无心应战，乖乖举起双手，做了俘虏。慕容宝只带了1000多人，狼狈逃走。

■故事感悟

拓跋珪及时掌握敌将的心理动态，采用攻心战术，攻破对方的心理防线，然后以少数兵力，歼灭数倍于己的敌军。拓跋珪的冷静与沉着为自己的军队赢得了胜利，也减少了士兵的伤亡。战时懂得伺机而动，对战局的运筹帷幄，使得拓跋珪最终决胜千里。

■史海撷英

拓跋珪的历史功绩

拓跋珪是北魏时期很有建树的一位统治者，他在位期间，对外遏制了柔然等民族的袭扰，稳固了北魏的边疆；对内迁都"平城"（今山西省大同市），称帝建国，效仿中原封建制度建造了官室，并根据新的形势制定了各类典章制度和礼仪。

拓跋珪还很重视文化的发展，把文化水平的考核作为选拔官吏的重要条件之一。对早期拓跋鲜卑建立在血缘基础上的部族制度进行改革，"离散诸部，分土定居"，使各个民族都成为北魏的编民，从而加强了中央集权的力度，使拓跋鲜卑在新的环境、新的条件下，能够很快地适应社会发展的要求。

经济发展方面，在发展畜牧业的同时，拓跋珪还大力发展农业，实行"务农息民""劝课农桑""计口授田"的政策，在黄河以北、五原、云中、代郡等地（今内蒙古中西部和山西省部分地区）大兴农业，开屯田。拓跋珪本人还亲自参加农业劳动。

这些政策的实施，不仅很快地稳固了北魏的经济基础，加速了拓跋鲜卑封建化的进程，更重要的意义是使拓跋鲜卑成为历史上第一个统一北方并建立政权的北方游牧民族。

书生带兵亦能行

> 刘兰成（？—643），字文郁。青州北海（今山东省青州市）人。涉猎经史图籍，能言成败事。性情凶狡，见隋末天下将乱，与强人勾结，攻破家乡城邑。武德年间，淮安王李神通为山东道安抚大使，刘兰成率宗党前往归顺，以功累迁尚书员外郎。贞观二年（628），唐太宗任命他为夏州都督府司马，后改任丰州刺史，封平原郡公，征为右领军将军。贞观十七年（643）正月，鄠县县尉游文芝因罪下狱当死，告发其谋，刘兰成以谋反罪被腰斩。

隋炀帝时期，北海郡义军首领綦公顺率众3万攻打郡城（今山东昌乐东南）。义军攻占外郭后，急攻内城，城中粮食已尽，危在旦夕。

有个叫刘兰成的读书人，暗中纠集了100多个骁健的勇士，趁义军不备突然袭击。内城中的守军见有援军，便一起出击，把义军赶出了郡城。城里的官员把军民分成六部，分派将军统领。刘兰成因为立了这一大功，也带了一支军队，准备继续守城。

这时，有个姓宋的书佐，离间诸军将领说："刘兰成深得众心，对将军们很不利，不如把他杀了。"

诸将虽然不忍心加害刘兰成，但仍夺了他的兵权交给宋书佐，刘兰成怕迟早丢了性命，就出城投奔綦公顺。义军对刘兰成的到来非常高兴，推举他做首领。刘兰成坚决推辞，最后担任了长史，一切军机大事仍听他的指挥。

过了50多天，刘兰成从义军中精选了矫健者150人，骚扰郡城。在离城40里的地方，留10人，打了很多柴草，分成100多堆；20里的地方，留20人，各执大旗；距城5里处，又留30人，让他们在险要处埋伏；刘兰成自己带领10人，夜里进至离城一里左右的地方潜伏下来；其余80人分别部署在机动的位置，规定听见鼓声就掠取人畜，迅即离去，同时一齐点燃草堆。

第二天早晨，郡城中守军远望路上没烟尘，知道没有义军大部队行动，就放心地出城砍樵放牧。快到中午，刘兰成带了10个士兵直冲城门，城上就敲起战鼓，义军伏兵四出，掠取了许多牲畜和砍柴放牧的人回去。

等抄掠的人已经远去，刘兰成才不紧不慢地走回去。守军出城追击，怕有伏兵，不敢追远，又见前有旌旗、烟火，就连忙退回城去。后来城里得知刘兰成只带了100多人，后悔当时没有紧追。

一个月后，刘兰成真的要攻打郡城了，又带了20人直抵城门。城中人以为刘兰成还是像上次那样前来抄掠的，都争着出城追赶，还未追出10里，綦公顺率大军赶到，隋兵急忙向城里逃去。綦公顺大军直追城下，刘兰成向城里喊话，劝他们投降。城中守军内外交困，走投无路，争着举手投降，义军顺利入城。

到唐武德元年，另一支义军首领臧君相听说綦公顺占据北海，率众5万前来争夺。綦公顺的兵马少，很恐惧，刘兰成向綦公顺献策说：

"臧君相如今离这儿还远，必定没有防备，请将军借道前行，偷袭他们的营寨。"

綦公顺接受了这个建议，亲自率领5000名骁勇善战的士兵，借道袭击臧君相军营。

刘兰成带了20个敢死士先行，到了距离臧君相军营10里的地方，发现一股出来抢劫的臧军士兵正挑着担子往回走。刘兰成等灵机一动，也挑着菜米锅盆之类的东西，装作臧军抄掠者，走上去和他们同行攀谈，查明了他们的番号和主将姓名。到傍晚，又跟他们混进臧军营寨，挑着担子走了一圈，尽知敌军虚实和晚上的暗号。

等到深夜，臧军主将幕前杀声顿起，臧军部众不知是怎么回事，惊慌奔走。綦公顺率主力及时赶来，立即发动进攻。臧君相遭此突然袭击，不知所措，被打得大败。

綦公顺、刘兰成带着数千俘虏和缴获的大量军资米粮凯旋，军势大振。

■故事感悟

《孙子兵法》说："兵以诈立。"刘兰成为打败敌手奇谋迭出，堪称一位用诈的高手。能领兵打仗的，不一定是行伍出身，身为书生的刘兰成带兵打仗也一样取胜。因此说，"将不在勇而在谋"是有一定道理的。

■史海撷英

唐灭东突厥之战

唐朝时期，北方突厥族时常袭扰边境。唐贞观三年（629）十一月，突厥军进扰河西，被肃州（今甘肃酒泉）、甘州（今甘肃张掖）守军击败。

深思熟虑

唐太宗以此为借口，于十一月二十三日下诏出讨突厥，命并州都督李勣为通汉道行军总管，兵部尚书李靖为定襄道行军总管，华州刺史柴绍为金河道行军总管，任城王李道宗为大同道行军总管，检校幽州都督卫孝杰为恒安道行军总管，灵州大都督薛万彻为畅武道行军总管，共计兵力10余万，均受兵部尚书李靖统一指挥，分六路开始反击突厥。

四年正月，李靖率领3000名精锐骑兵从马邑（今山西朔县）出发，进屯恶阳岭（今山西平鲁西北），乘夜袭击了襄城（今内蒙古和林格尔西北土城子）。突厥颉利可汗没想到唐军突然到来，以为李靖孤军深入，随后一定有主力作为后盾，便不敢与李靖对战，而是急忙将牙帐撤至碛口（今内蒙古善丁呼拉尔）。

李靖又派间谍打入到突厥内部进行离间活动，颉利的心腹大将康苏密挟隋炀帝皇后萧氏及其孙杨政道来到定襄投降了唐军。颉利可汗见康苏密已降唐，更不敢停留，继续率部向阴山撤退，退到白道（今内蒙古呼和浩特西北）时，遭到在云山（今山西大同）的李勣大军的截击而大败。颉利可汗一直退到铁山（今内蒙古白云鄂博一带），收集了余众几万人。颉利可汗感到已不是唐军对手，便派特使到长安向唐太宗谢罪请降，表示愿举国内附。实际上，他是想用缓兵之计，企图休整之后等待草青马肥时再转移到漠北，伺机东山再起。唐太宗派鸿胪卿唐俭去突厥安抚，并让李靖率兵接应。

二月，李靖引兵至白道与李勣会合，二人商议认为，现在颉利虽败但兵力尚多。如果让他逃往漠北，依附于薛延陀等部，就很难再追歼了。现在，唐俭在突厥，颉利可汗一定放松了警惕没有任何防备，如果挑选精骑去袭击，一定可以擒获颉利可汗。

于是，李靖命李勣统领大军继后，自己率领精骑兵一万人，每人准备20天的口粮，连夜出发，向铁山疾驰。李靖军到了阴山，遇到突厥营帐千余，全部将其俘之以随军。

颉利可汗见有唐使前来抚慰，以为安然无事，真的未加任何戒备。初八，李靖派苏定方率200骑兵为前锋，在浓雾的掩护下飞速前进，到了离颉利可汗的牙帐七里地时才被突厥人发现，颉利可汗立即乘千里马先逃跑了。李靖率军立即跟进，突厥军不战而溃，被歼万余人，被俘10余万人，唐俭也脱险而归。

张巡"草人借箭"惑敌

张巡（708—757），唐朝著名将领。山西永济人，祖籍蒲州河东（今山西省永济市），出生于邓州（今河南省邓州市彭桥镇寺北张）。天宝十五年（756），安史之乱中，张巡以真源（今安徽亳州西）令起兵守雍丘（今河南杞县），抵抗安史叛军，至德二载（757），移守睢阳（今河南商丘），与太守许远共同作战，在内无粮草、外无援兵的情况下，城破被俘，英勇就义。他以区区两县几千兵力，苦守雍丘、睢阳两个孤城近两年，以弱胜强，以少胜多，显示了杰出的军事才能。张巡殉国时，身首支离，芮城、邓州和睢阳三地皆招魂而葬。据说他死后被追封为"通真三太子"。

唐安史之乱发生后，雍丘县令令狐潮举城投降叛军安禄山，并为安禄山充当先锋，向东攻城略地。

真源（今河南鹿邑）县令张巡选精兵1000人前往雍丘，与贾贲合兵守城。令狐潮率领精兵攻打雍丘，贾贲出城迎战，失败而死。张巡力战退敌，并兼领贾贲的人马守卫雍州，自称吴王先锋使。

令狐潮与叛将李怀仙、杨朝宗、谢元同等率4万余人突然掩至雍州城下。张巡与令狐潮是老相识，如今以兵相见，两人一个在城上，一个在城下，互道辛苦，像往常一样友好。

令狐潮借机劝张巡投降，他说："眼见天下大势已去，你独守着这座危城，这是何苦呢？"张巡也毫不客气地反唇相讥说："足下平生以'忠义'二字自许，今日你背叛朝廷，当做如何解释呢？"

令狐潮被顶得哑口无言，满面羞愧而退。张巡临危不惧，镇定自若。可他的部下一见来了这么多叛军，十分害怕，军心不稳，斗志松懈。张巡昼夜巡视，努力支撑。

张巡坚守40多天，与朝廷音讯不通。令狐潮听说唐玄宗已起驾逃难往四川，又修书招降张巡。这时，手下6员大将也劝张巡说："以兵势而论，咱们不是叛军的敌手，况且皇上生死不知，不如投降算了。"张巡表面上假意许诺。

第二天，张巡在大堂摆上天子画像，率众将士朝拜，人人都泣不成声。然后拉来6位大将列于堂前，先责之以大义，再行斩首示众。众将士见状，十分震惊，再也没有人谈投降了。

军心稍稳，张巡鼓励士兵说："叛军兵精将锐，有轻视我们之心。今日出其不意地发动攻击，他们必定惊扰溃散，贼势受挫，然后即可守住城池。"于是他自己亲率1000余人，分为数队，打开城门一齐冲杀出去。张巡身先士卒，直冲敌阵，这大大出乎敌人的意料，猝不及防，只好退却。

次日，令狐潮又率军来攻，城楼尽被攻毁，张巡在城上树立木栅进行抵御。叛军像蚂蚁一样往墙上爬，张巡叫人把蒿草捆成把状，灌上油脂，点燃后向城下扔去，叛军被烧得哭天喊地，一时退下。其间，又伺机出城袭击。前后60多天，大小300余战，士兵穿着铠甲吃饭，受伤的包扎后再战，数次击退叛军的进攻。

深思熟虑

由于围困日久，城中的箭用完了，张巡叫士兵扎了1000多个草人，给它们披上黑衣，在夜间用绳子在城墙拉上拉下。叛兵见有人缒城，急忙张弓搭箭，争相劲射，可不管怎么射，草人依然如故。过了好半天，叛军才发现那是草人，令狐潮痛悔莫及。这样，张巡毫不费力地得到数10万支箭，解决了燃眉之急。

几天后，张巡又指挥在夜晚把草人在城墙上拉上拉下，叛兵只是发笑而不再防备，张巡见叛军不再射箭，便在一个夜晚，派500名敢死队缒下城去。

叛军还以为是草人，不予理睬，士兵在毫无阻拦的情况下冲入令狐潮军营大杀大砍，敌营还没等反应过来，就乱了套，慌忙焚烧营垒而逃，官兵追击10余里。令狐潮脸面丧尽，惭愧得无地自容，再次增兵围城。

张巡派郎将雷万春立于城上，与令狐潮声音相闻，叛兵发箭齐射，雷万春面部中了六箭仍一动不动。令狐潮怀疑是个木头人，派间谍去探，知是真人，惊得目瞪口呆，老远对张巡说："刚才见到雷将军，方知足下军令如山，但对天道又有什么法子呢！"

张巡痛斥道："你叛君背国，如何能知天道！"

不一会儿，张巡即领兵出战，活捉叛将数人，斩杀百余人。叛军趁夜落荒而逃。

雍丘保卫战，历时一年，是古代战史上以寡胜众、以弱制强的著名战例，为唐军的战略反击赢得了时间，粉碎了安军南下占据江淮的企图。

□故事感悟

打仗不仅要靠勇气，更要靠智慧，一个好点子胜过10万雄兵。张巡是唐朝抵抗安史叛军的名将,也是唐朝的功臣,最后虽然遇害,但他积极防御,主动出击,屡挫叛军锋芒,从而受到后人称道。

□史海撷英

张巡死守睢阳城

睢阳是睢阳渠的要冲,地理位置很重要。至德二载(757),安禄山死后,其子安庆绪派尹子琦率同罗、突厥、奚等部族精锐兵力与杨朝宗合兵共十几万人,联合进攻睢阳。

面对强敌,张巡、许远激励将士固守,兵士们接战20余次士气仍盛。许远自推张巡为主帅,自己管筹集军粮物资。

张巡任主帅后,先清除了内部叛将田秀荣,之后率军出城袭击叛军获大胜,缴获大批车马牛羊。此次大捷后,朝廷拜张巡为御史中丞。

五月,叛军在城外收麦以充军粮。张巡在城上看到后,让士兵擂鼓做出欲战状。叛军见状,立刻停止收麦待战。张巡命停止擂鼓,使叛军放松警惕。此时,张巡立刻命南霁云率军开城门突然冲出,直捣尹子琦大营,斩将拔旗。同时,叛军千余骑兵来到城下招张巡投降。

张巡在城上边与敌将答话,边暗命勇士几十人手持钩、陌刀、强弩从城上吊下潜入无水的护城壕中,趁城外叛军毫无戒备时,勇士们突然杀出。叛军猝不及防,损伤人马无数。

七月,叛军再次围城。这时,城内守军只剩下千余人,因粮食短缺,士兵大多吃树皮和纸,瘦弱得拉不开弓。叛军开始强攻睢阳,先用云梯爬城,被守兵用长钩把云梯顶翻,随即投火焚烧云梯,叛军云梯攻城失败;叛军又用钩车木马攻城,当他们靠近城墙时,又被守兵投石砸下;叛军又围城挖壕,壕外加筑栅栏以长期围困。

此时,城中守军多饿死,留存的大多伤残,疲惫不堪。即使如此,张巡还对接近城墙的叛军将领晓以忠义，劝其反正。被张巡策反的李怀忠等多人都死心塌地地帮助张巡守城。

张巡派南霁云从城东门杀出请救兵，但拥兵临淮的贺兰进明、驻守彭城的许叔冀、尚衡等都观望不肯发兵，只有驻守真源的李贲援助战马百匹、宁陵守将援助兵3000人，但这些士兵由南霁云率领杀开敌围进到睢阳城后，只剩下1000多人。

叛军得知张巡请援无望后又加紧攻城，至此城已很难坚守。守城将士商议突围，但张巡、许远认为睢阳是江淮屏障，如果失守，叛军会大举南下，蹂躏江淮。再说，守城士兵已饥惫不堪，弃城而逃也未必得生，最后决定继续坚守。

直到当年十月，叛军再次攻城，守城士兵已无战斗力，睢阳城终被叛军攻破，张巡、许远等都被俘。叛军主帅劝张巡投降，他大义凛然，宁死不屈。最后张巡及部将36人被杀，张巡时年49岁。

睢阳虽然最后失守，但他们与占绝对优势的叛军进行了400多次战斗，杀敌将300人、士兵12万人。

"睢阳血战"是安史之乱时期最惨烈的战役。张巡等人死守睢阳，阻止了叛军的南下，保卫了江淮及江汉地区，从而保证了战争的最后胜利。

文苑拾萃

对张巡的纪念

在陕西省周至县，由终南镇所辖的甘沟、解村、三湾等13个村堡联合举办的"老王会"，在周至境内及至关中地区名气甚大。庙会祭祀的所谓孝王，就是唐代的两位爱国英雄——张巡和许远。

在福建莆田，张巡被尊奉为司马圣王，是保境安民的神。

李愬巧借天时袭敌

李愬（773—821），唐临潭人。字符直。李晟之子，有谋略，善骑射。因家族背景任协律郎、累迁卫尉少卿。从小慈孝过人，父亲李晟死后，在兄弟15人中，唯他与哥哥李宪坚持为父庐墓5年，被皇帝劝回，隔天又跑回去守墓。后被授太子右庶子，坊、晋二州刺史，金紫光禄大夫，詹事。

唐朝到宪宗李纯时期，全国的节度使已增至49个。他们拥兵割据，为所欲为，根本不把朝廷放在眼里，成为朝廷的心腹之患。

宪宗继位后，决心裁撤各地藩镇，加强中央集权，逐步解决这一威胁王朝的痼疾。

元和九年，淮西节度使吴少阳去世，他的儿子吴元济割据申州（今河南信阳）、光州（今河南潢川）、蔡州（今河南汝南），烧杀抢掠，称霸一方。唐宪宗曾多次发兵围剿，终未消灭。过了不久，太子詹事李愬被任命为随州（今湖北随州）、邓州（今河南邓县）、唐州（今河南汝阳）三州节度使，指挥西路唐军讨伐吴元济。

当时，正是唐兵屡次战败之后，士气低落，畏敌如虎。李愬为了安定军心，四处奔波，慰问士卒，抚恤伤病员。表面做出戒备松懈的假象，暗中却积极准备向吴元济进攻。

李愬在随州、邓州、唐州三地的卓越建树，深得唐宪宗赏识。为表示对讨伐吴元济的决心和对李愬的信任，唐宪宗又增调2000名骑兵归李愬调用，以加强讨伐实力。

李愬虽表面上没有加紧备战的迹象，但还是有人把李愬在随、邓、唐三州的情况报告给了吴元济。吴元济自起兵后，所向披靡，许多唐朝将士都是他的手下败将，因此对刚出茅庐的李愬根本就没放在眼里。而且他知道大唐兴兵，稍大一点的军事行动都要朝廷派监军，向皇上报告情况，最后由皇上裁决进退攻守，所以上下不一，指挥不灵，几度挥军征讨，都无功而返。小小李愬，更不足为虑。

李愬深知指挥大军行动不可轻举妄动，在朝廷没有把指挥权全部交到自己手上之前，对叛军主要是进行招降。他采取种种手段，分化瓦解吴元济的淮西叛军，先后招抚了丁士良、陈光洽、吴秀中等多名淮西大将，委以重任，由自己指挥。

在招降的淮西军中，他仔细询问淮西军的兵力、布防、地形等详细情况，为讨伐行动做了周密且充分的准备。随后李愬以小股军队进占久城栅（今河南遂平西）等几个淮西边境要地，切断了吴元济的蔡州与申州、光州的联系，以期各个击破。

部署完毕，李愬先请北路唐军忠武节度使李光颜在郾城（今属河南省）同吴元济开战，一举击败淮西军主力3万余人，使郾城守将投降。吴元济见郾城失守，立刻从蔡州调兵至郾城一线，以防唐军从郾城这个缺口向淮西进军。

唐宪宗得知郾城大胜，特派宰相裴度到郾城督战。李愬趁机请裴度向朝廷请求，暂时撤去监军宦官的权力，由各部主将根据情况灵活用兵。唐宪宗见形势很好，裴度又亲临前线，即同意了裴度的请求。

吴元济知裴度抵郾城，疑心唐军要从郾城向淮西进军，将注意力放在了郾城一线，对蔡州的戒备有所放松。

李愬认为奇袭蔡州的时机已成熟，密报裴度，得到了裴度的支持。

这年初冬，天降大雪，大地白茫茫一片，天气条件极为恶劣。李愬留少量军队留守，以淮西降将李忠义引3000名精兵为前锋，自率3000名精兵为中军，再选3000人马为后援，9000人马秘密向蔡州进军。

一路行军，至傍晚才向士兵们言明此行是去擒拿吴元济。士兵们不顾天黑路滑顶风冒雪急行一夜，天亮才到蔡州城下。守城士兵竟未发觉，李愬没费多大力气便带兵登城而入，尽杀守城士卒，打开城门。李愬带兵进入吴元济宅邸，将吴元济生擒。申、光二州知吴元济被唐军拿获，自告投降，淮西割据局面自此结束。

■ 故事感悟

《孙子·九变》中有"将在外君命有所不受"的说法，李愬深知部队指挥权的重要，他以各种手段获得唐宪宗的信任，交给他兵权。在平定吴元济的战事中，他才借机施展才智，最终取得了战役的胜利。

■ 史海撷英

开元盛世

延和元年（712），唐睿宗让位于太子李隆基，是为唐玄宗，又称唐明皇。

713年，唐玄宗将太平公主赐死，其党羽有的被杀，有的被驱逐边疆，终于结束了这段史称"韦后之乱"的混乱政局。同年，改元开元。

深思熟虑

唐玄宗在位44年，前期政治比较清明，经济发展迅速，使唐朝进入全盛时期，史称"开元盛世"。这一时期，经济发达，百业兴旺，老百姓生活富足，文化兴盛，外交和贸易更是前所未有，被认为是继汉武帝时期（汉武盛世）之后，中国历史上的第二次鼎盛局面。首都长安城，也成为当时世界上最大的城市，更是世界上第一个人口达到百万的城市。

■文苑拾萃

唐朝手工业

唐朝的手工业分为官营和私营两种。朝廷里的工部是主管官营手工业的重要部门，下属直接管理的机构有少府监、将作监、军器监，少府监主要管理制作精致的手工艺品，将作监主管土木工程的兴建，军器监则负责兵器的建造。各监下设署，署下设作坊。

此外，还有铸钱监和冶监等。官营手工业生产的产品不对外销售，只供皇室和衙门使用。工人分为工匠、刑徒、官奴婢、官户、杂户等几类。

私营手工业不如官营手工业发达。唐朝前期的私营手工业主要有纺织业、陶瓷业和矿冶业等。

至唐朝后期，南方手工业发展很快，尤其是丝织业、造船业、造纸业和制茶业等，发展尤为突出。

贺若弼麻痹敌人获胜

贺若弼（544—607），复姓贺若，字辅伯。河南洛阳人。鲜卑族。其父贺若敦为北周将领，任金州（今陕西省安康）刺史。少时骁勇，善骑射，博涉书记。封当亭县公，为小内史。北周大象元年（579），助行军元帅韦孝宽攻取陈国淮南之地，拜为寿州（今安徽省寿县）刺史，封襄邑县公。开皇八年（588）冬十一月，隋军大举伐陈，为行军总管，主攻建康（今南京），生擒大将萧摩诃，以功封上柱国，进爵宋国公。开皇十二年（592）被免官，年余复官，不复重用。

隋朝建立后，江南的陈朝凭借长江天堑企图偏安一方，阻挡隋朝的统一。

隋文帝制订了南北夹攻、水陆并进的战略计划，任命贺若弼为吴州总管，出镇广陵（今扬州），全权负责南线的军事行动。

江淮地区的广陵是军事重镇，与陈朝都城建康隔江对峙，渡江作战时首当其冲。

贺若弼到达广陵后，决定把广陵建成隋朝渡江伐陈的前沿阵地。要

深思熟虑

渡江作战当然需要大批战船和运输船，当时，隋朝大将杨素在四川督造战船，训练水军，准备战时顺江东下夹攻陈朝。

贺若弼向朝廷上奏，要求配给船舰。隋文帝回答说："四川的船舰正在建造，数量极其有限。而且战船东调，会引起陈朝的注意，你自己想办法筹措吧。"

可一下子怎么筹备到足够的船只呢？朝廷的支援已经不可能，而大规模造船又会招致南岸陈军的怀疑，贺若弼想来想去，还是解不开这个难题。

一天，贺若弼纵马来到长江渡口视察江岸的防备情况，只见码头上行人来来往往，热闹非凡，三五成群的商人有的在谈生意，有的在交换货物。江面上停泊着大型的船只，船上装载的不是粮食，而是马匹。

贺若弼感到奇怪，陪同的副将马上说："将军到广陵不久，也许还不知道呢，长江两岸虽然相互敌视，但在和平时期，仍然贸易往来频繁，互通有无。陈朝的船多，经常用船换取我们的马匹。"

贺若弼眼前一亮，立刻有了主意，就立即策马赶回帅府。副将不知道发生了什么事，疑惑不解地在后面追赶。

不久，渡口比以前更加热闹了。一批批隋军士兵装扮成商人，赶着大量的马匹来到码头与陈朝的商人谈生意，用优惠的价格成交，换取南岸的船只。陈朝商人唯利是图，想尽一切办法把船只开到北岸，以船换马。隋朝马多，陈朝船多，贺若弼正是通过这条贸易渠道，把许多基本上没有作战能力、准备淘汰的战马卖到江南，再买回船只，这样，贺若弼很快就有了一大批舰船。

可是船多了，自然会引起陈朝君臣和将士的怀疑，贺若弼又灵机一动，想出了一个妙法。

他命令将士把新买回来的好船停泊在一条小河里，并且把战船涂成黄色，远远看去，好像枯黄的芦苇，又在小河流入长江的会合处的沙滩上堆满真的芦苇，用来掩蔽船只。再把60多艘破旧的船只停泊在长江北岸的港湾里，装出缺乏船只的假象。

为了迷惑陈军，贺若弼又经常在沿江将士换防的时候故弄玄虚。突然，北岸隋军战鼓擂响，人仰马嘶，军队在江岸重地紧急集结。南岸陈军以为隋军大军压境，急忙调兵遣将，沿江布防。待陈军布防完毕，北岸隋军又停止了活动，并没有渡江的意思。陈军虚惊一场，如此再三，陈军将士司空见惯，放松了警戒。

南岸的陈后主是一个花花太岁，整天和宠妃张丽华饮酒作乐，不理朝政。正月初一这天，陈后主大宴宾客，与百官欢度春节，喝得酩酊大醉，昏睡了大半天。沿江将士也个个喝得大醉，江防毫无戒备。

正是这一天，隋文帝发布了渡江作战的命令，隋军水陆51万人，兵分八路，大举伐陈。

贺若弼统率东路大军从广陵出发，大批战舰从芦苇丛中驶出，进入长江。贺若弼站在船首，踌躇满志，指挥战船渡过长江，陈军竟一点也没有觉察到。

隋军迅速攻取了建康东北的门户京口，南下直逼建康。陈后主见大势已去，带了张贵妃、孔贵嫔藏进一眼枯井里，后被隋军搜出俘虏，陈朝灭亡。

◻故事感悟

贺若弼顺利渡过长江天险，攻陷建康，取得了胜利，关键在于他巧妙地准备了船舰，又从战术上麻痹了敌人。这说明，在备战中要因地制宜地寻找解决问题的突破口。

史海撷英

贺若弼被诛

隋朝建立后,将军贺若弼自以为功名在群臣之上,因此常以宰相自许。但后来杨素被封为右仆射,贺若弼仍为将军,使得他心有不平而且形于言色,结果于开皇十二年(592)遭到罢官。这样一来,贺若弼的怨气更加严重,于是被下狱。

隋文帝责问他:"我以高颎、杨素为宰相,汝每倡言,云此二人惟堪啖饭耳,是何意也?"

贺若弼回答说:"颎,臣之故人,素,臣之舅子,臣并知其为人,诚有此语。"(《隋书·韩擒虎列传》)

公卿们认为贺若弼怨愤过重,于是奏请皇帝将其处以死刑。隋文帝犹豫了几天,怜惜他开国的功劳,于是免他一死,将他贬为百姓。过几年又恢复了他的爵位,但隋文帝不喜欢他的为人,所以不再重用他。但是,每次宴赐上,对他的礼遇非常好。

开皇十九年(599),隋文帝在仁寿宫赐宴王公,席间让贺若弼作五言诗助兴,贺若弼借诗中词意表达了自己的愤怨。隋文帝看后,还是宽容了他,并没对他治罪。这时正好有突厥使者来朝拜,隋文帝让他做射箭表演,使者一发即中,隋文帝说:"非贺若弼无能当此。"(《隋书·韩擒虎列传》)

于是,隋文帝让贺若弼引弓射箭,果然也是一发即中,隋文帝非常高兴,对突厥使者说:"此人天赐我也!"(《隋书·韩擒虎列传》)

杨广为太子时,曾问贺若弼:"杨素、韩擒虎、史万岁三人,俱称良将,优劣如何?"

贺若弼说:"杨素是猛将,非谋将;韩擒虎是斗将,非领将;史万岁是骑将,非大将。"

杨广又说:"然则大将谁也?"

贺若弼回答说:"唯殿下所择。"

言下之意,只有他贺若弼一人才是大将,语中表达出贺若弼旁若无人的心思。

仁寿四年(604),杨广即位为帝,即隋炀帝,贺若弼被疏远了。

大业三年(607)七月,贺若弼随隋炀帝北巡至榆林。杨广命人做了一个可以容纳数千人的大帐篷,以招待突厥启民可汗及其部众。贺若弼认为太奢侈了,就与高颎、宇文弼等人私下议论,被人听到上奏了隋炀帝。

隋炀帝认为这是诽谤朝政,以此为由,于二十九日(607年8月27日)将贺若弼、高颎、宇文弼等人一起诛杀。贺若弼时年64岁,其妻子被贬为官奴婢,被遣到边疆。

◼文苑拾萃

饮马长城窟行

(隋)杨广

肃肃秋风起,悠悠行万里。
万里何所行,横漠筑长城。
岂台小子智,先圣之所营。
树兹万世策,安此亿兆生。
讵敢惮焦思,高枕于上京。
北河见武节,千里卷戎旌。
山川互出没,原野穷超忽。
撞金止行阵,鸣鼓兴士卒。

深思熟虑

千乘万旗动,饮马长城窟。
秋昏塞外云,雾暗关山月。
缘严驿马上,乘空烽火发。
借问长城侯,单于入朝谒。
浊气静天山,晨光照高阙。
释兵仍振旅,要荒事万举。
饮至告言旋,功归清庙前。

广陵之战　佯北饵兵

杨行密（852—905），原名杨行愍，字化源。庐州合肥（今安徽合肥）人。唐末受封吴王，902—905年在吴王位，为五代十国中南吴国的实际开国者。

唐代末年，淮南节度使高骈的部将毕师铎、郑汉章以讨伐吕用之等奸佞为名，举兵叛变，率军掩至广陵城下（今江苏扬州东北），同时向宣州观察使秦彦求取援兵，并对秦彦许诺说："城破之日，请您做元帅。"

秦彦见有这么优厚的条件，十分高兴，立即派其部将秦稠率领3000名兵马，进军扬子江边，援助毕师铎。

在毕师铎率军攻打广陵时，吕用之请庐州刺史杨行密率兵入援。

杨行密从小是个贫苦的孤儿，臂力特别大，一天能走300里路。他拉了支100多人的队伍，杀死都将，控制庐州的军队，郡将吓得连忙把官印交给他后逃走了。唐朝廷只好任命他做庐州长史。

这时，杨行密的谋士袁袭分析说："高骈割据一方，但昏庸无能；吕用之是个奸邪小人；毕师铎挑起战火，大逆不道。他们三人都不是什么好人，迟早要自取灭亡。如今吕用之向我们求兵，这是上天要把淮南交给你，请立即发兵前往。"

于是，杨行密便倾庐州全部兵马，还借兵于和州刺史孙端，合兵近万人，向广陵进发。

毕师铎攻进广陵后，高骈不得不任命他为节度副使、行军司马。这时，秦彦也率宣州、歙州兵3万多人，乘竹筏沿江而下，兵不血刃地进入广陵城，自称淮南节度使，也任命毕师铎为行军司马。

不久，杨行密率军也进至广陵城下。

杨行密兵临城下，秦彦只好闭城自守。杨行密在城外建立了8个营寨，把广陵紧紧围困起来。因城中乏食，柴粮断绝，秦彦派毕师铎、秦稠率军8000人出城进攻庐州军。结果秦稠战死，士卒死伤十之八九，大败而回。

这年八月的一天，秦彦又派毕师铎、郑汉章带领1.2万人的军队出城作战，在城西列阵，绵延数里，军势很盛。

杨行密的军营设在大明寺附近，敌军正向这边攻来，他却安卧帐中，若无其事地对部下说："敌人走近了再告诉我。"

部将李宗礼见敌人兵势很盛，心里害怕，说："敌众我寡，应该坚壁自守，再慢慢地准备撤退。"

李涛却主张迎战，并自告奋勇，愿率部作前锋。

"不行，不行！"

杨行密对他们的意见都不接受，只是让他们沉住气。他命令士兵把金帛、小麦聚积到一寨，派一些老弱病残的士卒把守，把大部分军队埋伏在寨子周围，他自己亲率千余人直冲敌阵。

两军刚一交锋，杨行密就假装败退。广陵兵不知是计，乘势发起追击，被引诱到杨军寨中。士兵们发现金帛、小麦堆得像一座座小山，看得眼睛都花了，立即争先恐后地抢夺起来。

正在这时，突然喊声大作，伏兵四起，杨行密也率军掩杀回来。广陵军乱作一团，不知所措，被打得大败。十里战场，尸体填满了河沟，毕师铎、郑汉章等落荒而逃。

◻ 故事感悟

在此次战役中，杨行密假装败退，用金帛、小麦诱使敌军自乱阵脚，实在是极高明的一招。"佯北勿从，饵兵勿食"，自古以来都是兵家常谈，但真败假败，有时难以识别。所以佯北饵兵之计，永远都是克敌制胜的一个很好方法。

◻ 史海撷英

骁勇善战的杨行密

杨行密自庐州起兵之后，经过20多年的奋战，终于从一个无名的草莽英雄变成一名可与中原强藩朱温对抗的狠角色。

杨行密初期的军队是由淮南民间豪强组成的武装，其部将也都出自于这个阶层。消灭孙儒后，他收拢了孙儒的残兵，从中挑选出勇健者5000人，给他们很好的奖励和待遇，以黑色衣服蒙罩住盔甲，号称"黑云都"，其将领称为"黑云长剑"。孙儒旧部多来自蔡州一带，自唐以来一直以善战闻名。"黑云都"成立后，成为杨行密可依靠的重要军事力量。

"黑云都"的战斗力可从寿州之战中看出。当时，汴军数万人攻打寿州，而"州兵少，吏民汹惧，延寿命黑云队长李厚拒之，厚殊死战，都押牙柴再用复为之助，延寿悉众乘之，汴兵败走"。由此描述中可以看到，素

以横行中原、压服河朔的汴军都不能战胜"黑云都",可见"黑云都"的战斗力之强。

杨行密依靠的另一支重要军事力量是原属李克用的沙陀骑兵。淮南是水乡,大多是水军而没有骑兵,水军在陆上难以与中原强大的骑兵相对抗。

唐乾宁四年(897),朱温攻并兖郓,一支沙陀骑兵因归路被截,于是归降了杨行密,这支骑兵成为杨行密可以傲视南方群雄的资本。

■文苑拾萃

杨行密疑冢

(明)赵滂

荒郊石羊眠不起,枯冢累累各相似。
海陵冤骨无人收,岂有儿孙来擘纸。
几堆空土效曹瞒,百战江南帝徐李。
龙山突兀表忠祠,至今父老思钱氏。

李嗣源明路救幽州

后唐明宗（867—933），李嗣源，五代十国时期后唐第二位皇帝（926—933）。沙陀人，姓氏不详，原名邈佶烈，唐河东节度使李克用的养子。即位后，革除庄宗时的弊政，励精图治，兴修水利，杀死宦官，关心百姓疾苦，并撤销不少有名无实的机关，后唐也比较强盛。他在位期间，兵革初定，连年丰收，多次率领军队打败契丹。933年，明宗病危，数日不见臣下，秦王李从荣引兵入宫。枢密使朱弘昭、冯赟以讨逆为名，派兵抵抗，将李从荣诛杀。李嗣源得知消息，悲痛过度，病重去世。庙号明宗，葬于徽陵。

契丹皇帝耶律阿保机挥军南侵，幽州节度使周德威前往迎战。

周德威率3万军队进抵新州城下，远远望见契丹士兵精悍绝伦，又听说阿保机亲率数十万大军前来增援，料知不能抵抗，引兵退还。到了半途，突然听到后面喊声大震，契丹兵已经杀到。

周德威回马北望，只见契丹骑兵漫山遍野，汹涌而来，急忙下令布阵。阵刚布定，敌骑已至，凭着一股锐气，杀入阵中。周德威招架不住，边战边退，只有数千人保护着他，狼狈急奔，逃回幽州。

深思熟虑

契丹兵乘胜进逼城下，扬言拥兵百万，毡车毳幕，遍地都是。沿途俘获的士兵百姓全用长绳捆住，连头带脚，像捆猪一样，悬挂在树上。

阿保机指挥军队围攻幽州，降将卢文进请造飞梯地道，仰攻俯掘。城中守军用铜铁熔汁，上下挥洒，敌众一旦沾染，被烫得皮焦肉烂，嗷嗷大叫。

周德威一面固守，一面请晋王李存勖派兵火速救援。

晋将李嗣源、阎宝、李存审等，率领步骑7万，在易州（今河北易县）集结，进援幽州。

李嗣源和李存审商议道："契丹骑兵，善于平原旷野作战，我军利于据险作战。我们不如从山道潜行，开赴幽州。一旦和敌人遭遇，可以据险抵抗，敌骑占不了便宜。"

李存审表示赞同。

晋军越过大房岭，沿山涧向东进发。

李嗣源和养子李从珂率3000名骑兵为先锋，快速前进，到达离幽州60里的地方，遇上一股契丹兵。契丹兵惊恐退却，晋军从两翼跟随追击。契丹兵在山上，晋军在涧下，每到谷口，契丹兵邀击，李嗣源父子率将士力战，才得以前进。

到了山口，契丹骑兵一万多人在前面堵击，晋军惊恐失色。李嗣源亲自带领100多名骑兵，走在队伍前面，免胄扬鞭，用契丹语大声说道："你们无故侵我疆土，晋王命令百万雄师，直捣你们的都城，你们还在这里做什么？"

契丹兵听了这话，不免心惊，你瞧着我，我瞧着你。李嗣源趁势冲入敌阵，手起刀落，斩杀了一名头目。后续部队奋勇冲击，将契丹兵打退，直奔幽州。

这时，阿保机攻城不下，又碰上酷暑多雨季节，已经班师回国，只留部将卢国用围城。卢国用听说晋救兵到来，早就列好阵势，等着晋军。

李存审观察了敌军阵势，觉得不能硬拼，应该先用计乱了敌人阵脚。于是他命令精锐步兵埋伏在阵后，让他们不要轻举妄动。晋军骑兵率先冲锋，后面紧跟一些老弱残兵，拖着柴，燃着草，高声呐喊，冲向敌阵。

一时间，烟尘蔽天，杀声震地，弄得契丹兵莫名其妙，判断不出晋军到底有多少兵力，急忙出阵迎战。

李存审见敌人阵势已乱，一声令下，阵后伏兵，鼓噪而上，趁着烟雾迷离的时候，人自为战，奋勇拼杀。契丹兵未战先慌，大败而逃，晋军穷追猛打，俘斩无数。晋军胜利地进入幽州。

■故事感悟

李嗣源等人救援幽州作战的胜利，首先在于正确选择了有利的进军路线，使自己的劣势之军处于主动地位，有效地遏制了契丹发挥骑兵的威力。其次，在战场上采取迷惑敌人的策略，乘敌惊恐之时，穷追猛打。

■史海撷英

李嗣源即位

李嗣源随从李克用征战近30年，英勇善战，屡建奇功。

唐昭宗乾宁三年（896），李嗣源率部在任城大败梁军，解了兖州之围，获得"李横冲"的称号。第二年，又大败梁将葛从周于青山口，曾四次被流箭射中而全身流血，因此名闻天下。

李克用死后，李嗣源又协助后唐庄宗李存勖浴血转战十多年，终于打败了契丹，俘获燕王刘守恭父子，消灭了劲敌后梁，基本统一了中原地区，为后唐王朝的建立立下了大功。

（923）十月，李嗣源率晋军主力率先攻破梁都汴京，并在路边迎接李存勖，庄宗（李存勖）非常高兴，将李嗣源封为中书令，之后又赐其"铁券"，并进位太尉。一时间，李嗣源的荣耀无人可比。

然而，李存勖当上皇帝后，便昏庸骄矜，很快对李嗣源起了疑心，并派人暗中监视李嗣源的起居。

后唐庄宗同光四年（926），魏州（今河北大名一带）发生兵变，庄宗派李嗣源率兵征讨叛军。不料刚到魏州城下，李嗣源的部下就发生了哗变，共同拥戴李嗣源为主"帝河北"。李嗣源开始并没想谋反，于是找借口逃出魏州城，召集散兵重组队伍。后来，在其女婿石敬瑭的劝诱之下，李嗣源决心起兵反叛谋自立。于是，他挥师南下，先入汴州，继而向洛阳进发。

此时，后唐庄宗已是众叛亲离，庄宗也被乱兵所杀。李嗣源入洛阳，被群臣拥戴监国，不久即皇位，改元天成。

■ 文苑拾萃

《旧五代史》

《旧五代史》原名为《五代史》，也称《梁唐晋汉周书》。后人为了区别欧阳修编写的《新五代史》，将其称为《旧五代史》。《旧五代史》原书已遗失，现行本是清乾隆四十年（1775）时的辑本。

《旧五代史》由宋太祖赵匡胤下令编纂，属于一部官修史书。于宋太祖开宝六年（973）四月开始编写，到第二年闰十月甲子日便编完呈上，总共用了一年半左右时间。当时，五代时期的各朝"实录"基本没有散失，又有范质的《五代通录》作底本，这为修史提供了极大的便利条件，加之编书者对史料比较熟悉，所以成书时间很快。

　　《旧五代史》记载的历史阶段是"五代十国"时期。在我国历史上，唐朝和宋朝之间有过封建社会的最后一次大规模分裂割据时期。从907年朱温代唐称帝到960年北宋王朝建立的53年间，中原地区相继出现了后梁、后唐、后晋、后汉、后周等五代王朝，中原以外存在过吴、南唐、吴越、楚、闽、南汉、前蜀、后蜀、南平、北汉等十个小国，周边地区有契丹、吐蕃、渤海、党项、南诏、于阗、东丹等少数民族建立的政权，这段历史被称为"五代十国"时期。

第二篇
盖世英雄建大业

"死诸葛吓跑活仲达"

司马懿（179—251），字仲达。河内郡温县孝敬里（今河南省温县招贤镇）人。出身士族家庭，三国时期魏国大臣，政治家、军事家。生平最显著的功绩，是多次亲率大军成功对抗诸葛亮的北伐，以其功著，封舞阳侯。其子司马昭称王后，追尊其为晋王。其孙司马炎称帝后，追尊为高祖宣皇帝，故也称晋高祖、晋宣帝。

中秋的一天，秋云密布，五丈原蜀军营中呈现出一派肃穆的景象。中军大营的情形十分异常，只见许多高级将领进进出出，脸上都带着悲伤的神色。原来是蜀军主帅诸葛亮积劳成疾，在这一天与世长辞了。

噩耗一传出，军营内外，哀声恸地。有的呼天喊地，痛不欲生；有的号啕大哭；有的泣不成声，就像失去了自己的亲父母一样伤心……

蜀军因折了主帅，再也无心恋战。受遗命的姜维、杨仪等人商议一下，决定退兵。为了防止魏军追来，秘不发丧，令全军将士暂不戴孝，封锁诸葛亮病故的消息。通过一番布置后，悄然退去。

几天以后，魏军的一个小探子急急忙忙地来到司马懿的帅营，说有很重要的事要报告。探子来到司马懿的面前，迫不及待地说："报告都督,蜀军大队人马全都退了!"

"啊!什么?你再说一遍!"司马懿吃了一惊。

"蜀军真的退走了,我亲眼看见的。"

"往哪个方向撤了?"

"汉中方向。"

"走的是大路还是小路?"

"大路。"

"咦?这倒奇怪了。"

这个消息使司马懿十分意外,脸上也布满了疑云:诸葛亮惯用智谋,不知是真的退了,还是以退为攻?退兵不走小路,竟走大道,这也大违常理。发兵追吧,怕中了诸葛亮的计;不追吧,又怕失去了大好时机。真叫人拿不定主意……

不一会儿,知道了这个消息的手下部将都吵吵嚷嚷来到帅营,要求出兵追击。他们说:我们与蜀军在渭水已经相持100多天了,都督严令我们坚守不出,我们憋了一肚子闷气,这下让我们痛痛快快地追一下吧。

司马懿拗不过众人的请求,只得同意发兵追击。为了谨慎起见,他决定亲自出马。

魏军出大营后,一阵紧急行军,很快逼近了蜀军。

蜀军大将姜维见魏军赶上,根据诸葛亮临终前的面授机宜,急令杨仪整军停止前进,在原地列阵。又把后队作为前队,掉转军旗,猛擂战鼓,摆出一副与魏军决战的阵势。

司马懿见蜀军阵容整齐,丝毫没有一点仓促退兵的混乱迹象,他一下愣在那儿。

猛然间,他似乎领悟到了什么,心中一惊,差点从马鞍上摔下来。口中连呼:"这下完了,又中了诸葛亮的计了。"他急忙让传令兵传令:

"传我令，退！……快退！"

他迅速拨转马头，带着人马仓皇地逃回大本营，这才松了口气。但也惊出了一身冷汗，暗自庆幸，还算见机得早，否则今天就没命了。

不料，第二天又有探子飞马来报："禀告都督，诸葛亮死了！"

这下司马懿更加吃惊了，喃喃地说："不会吧！昨天的阵势只有他才能布得出来的。"

"都督，这是千真万确的，老百姓都知道了。"

当天，司马懿到了诸葛亮生前驻兵的地方察看。只见蜀军营垒设置，有条不紊，进可以攻，退可以守，不由得称赞说："诸葛亮真是天下奇才，我自愧不如啊！"

这事后来慢慢地传扬开来，老百姓便编了一句顺口溜："死诸葛吓跑了活仲达（仲达是司马懿的字）。"

◼ 故事感悟

在魏蜀相峙的紧要关头，诸葛亮去世，这是很不幸的。但蜀军用虚而实之的策略，利用司马懿用兵谨慎又畏惧诸葛亮的心理弱点，反败为胜，这很不简单。这事也告诉人们：凡事谨慎是对的，但若是过了头，变得胆小多疑就容易失去战机。司马懿就是这样错失良机，才给后人留下了千古笑话。

◼ 史海撷英

早年司马懿

三国时期，南阳太守杨俊素以知人善任著称。司马懿在20岁之前曾见过杨俊，杨俊就说司马懿绝非寻常之子。尚书崔琰与司马懿的兄长司马朗交情很好，崔琰也对司马朗说过："君弟聪亮明允，刚断英特，非子所及也。"（《晋书·宣帝纪》）

建安六年（201），郡中推举司马懿为上计掾。当时，曹操正任司空，听说司马懿的名声后，派人召他到府中任职。

司马懿见汉朝国运已微，又不想在曹操手下做事，便借口自己有风痹病，身体起居不便。曹操不信，便派人夜间去司马懿府上偷偷刺探消息，见司马懿躺在床上一动不动，像真的染上风痹病一样。曹操无奈，只好放弃了召用司马懿的想法。

文苑拾萃

《晋书》

《晋书》总计有130卷，包括帝纪10卷、志20卷、列传70卷、载记30卷，记载了从司马懿始到晋恭帝元熙二年止，包括西晋和东晋的历史，用"载记"的形式兼述了十六国割据政权的兴亡。

《晋书》成书后，在当时就受到人们的重视，直到后世依然是人们研究这段历史的重要资料。但是，《晋书》里记述了一些神怪故事和小说材料，这些不应被当作历史来看。

《晋书》的体例较完备，这种体例使它能容纳较多的历史内容，而人阅读时又无繁杂纷乱之感。

"帝纪"是按时间顺序排列史事，交代历史发展的基本线索，是全书的总纲。在"帝纪"中，首先列宣、景、文三纪，追述了晋武帝祖父司马懿、伯父司马师、父亲司马昭开创晋国基业的过程，使晋史的历史渊源清晰明了。

"书志"部分记载了典章制度，编排类别清楚，叙事详明。

"列传"记载人物，编次以时代为序，以类别为辅，所立类传或合传眉目清楚,各类人员大都分配合理,使西晋近800位历史人物分门别类地呈现在读者面前,构成晋代历史活动的图卷。

书中的载记部分,是专写与晋对峙的十六国历史,这在史书的写法上是一种新的形式。载记之体与《史记》中的世家相似,但世家记诸侯国历史,反映的是先秦贵族社会与国家紧密联系的特点。

载记的名目来自《东观汉纪》,但《东观汉纪》用载记记载平林、新市及公孙述的事迹作为列传的补充。

檀道济"量沙充粮"退敌兵

檀道济(？—436)，南朝宋时名将。祖籍高平金乡(今山东金乡)，出生于京口(今江苏镇江)。东晋末，从刘裕攻后秦，屡立战功，官至征南大将军。元嘉八年(431)攻魏，粮尽退兵，敌不敢追。文帝以其前朝重臣，诸子皆善战，忌而杀之。被杀时怒曰："乃坏汝万里长城！"

南北朝初期，据守在长江以南的刘宋王朝在文帝的统治下，消除了多年战乱，发展农业生产，招兵买马，打造舰船，建立了水陆两支大军。

刘宋元嘉七年的秋天，宋文帝对文武百官们说："养兵千日，用兵一时，现在到了兴军讨伐索虏(刘宋政权对北魏的称呼)的时候了。朕号令水陆各军将领随时做好准备，为夺回被索虏占领的河南重地，收复黄河流域而赴汤蹈火！"

这时，陆军哨兵传来消息：北魏与夏王相互争抢地盘，又发生了争战。宋文帝闻讯欣喜若狂，连连高声喊道："天赐良机！天赐良机！今日不发兵，还待何时？"

宋文帝急忙点将拨兵，以右将军到彦之、安北将军王仲德等将领统甲卒5万，组成前军，乘大大小小的船只自淮河北进，直奔黄河南岸；又以骁骑将军段宏率精锐骑兵8000人，组成轻骑军，直捣虎牢关（今河南荥阳汜水镇）；再以后将军刘以欣和豫州刺史刘德武统兵4万，组成后军，并监督前线各军迅速出击。一时间，南宋10万大军水陆并进，大有锐不可当之势。

可是，宋军由淮河进入泗水，没料想泗水干涸，水路行船十分困难，最快的速度是一天行进10里，发兵行船3个月才走到须昌（今山东东平县西北）。

北魏皇帝拓跋焘利用这段宝贵的时间，既结束了对夏王的战争，又建立起平南大军。他任命大将军大毗屯兵在河北大名与山东聊城之间，形成了一道坚固的防线；又命令司马楚为安南将军，布兵河南许昌东面的颍川，随时准备反击；还号令黄河中游以北的各地守军，务必以黄河为防线坚守。

数月后，宋军虽然先后占领了河南的滑台、虎牢、洛阳等地，但只能在黄河南岸徘徊不前，况且东西陈兵2000里，兵力不得不分散，由攻势变成了守势。

在冬季到来的时候，北魏军队开始大反攻，宋将到彦之连连败退，滑台、虎牢、洛阳等地得而复失，运载前军的船只被烧毁，残兵败将丢盔卸甲地逃到彭城（今江苏徐州）。宋军的后进部队也因粮草缺乏，全军士气低落，损兵折将地败下阵来。

宋文帝为挽救败局，派征南大将军檀道济火速增援。数万军队在寿张（今山东东平县东南）与北魏军队遭遇，檀道济英勇善战，打败了魏军。接着连续征战20多天，打了30多仗，胜利进军到历城（今山东济南）。

深思熟虑

有一天，北魏将领叔孙建带领轻骑兵突然袭击檀道济的军库，焚烧粮草。安南将军司马楚汇集北魏各军追击河南的宋军，活捉了宋将朱修之，并俘虏了宋军一万余人。这样一来，檀道济只好从历城撤退。

这时，军中有一个士兵逃跑到魏军投降，告知了宋军无粮无草的情况，魏军立即兴兵追来。宋军上下官兵一听说魏军又来袭击，立刻慌乱起来，都以为必败无疑，纷纷做好了逃跑的准备。

檀道济见势不妙，快步走出军帐，大声疾呼："谁也不许惊慌失措，都必须服从我的命令，赶快趁着天黑，各军营将士用斗量沙土，还要大声唱数，一斗、二斗、三斗……一定要让魏兵听到。"然后，檀道济又把军中仅剩下的一点粮食覆盖在沙土上面，堆成一个个"米山"。

第二天早晨，魏军一看，宋军并不乏粮，便以为那个降兵有意欺诈，一气之下把他杀了。之后，魏军退了回去，檀道济也保全了自己的军队。

□故事感悟

宋文帝求胜心切，犯了"欲速则不达"的兵家大忌。然而，临危受命的征南将军檀道济，在军中粮草殆尽的危险时刻，却能使用量沙计谋，以假乱真，以弱示强，从而迷惑了敌人，使自己转危为安，这是古今人们必须加以借鉴的一种谋略。

□史海撷英

檀道济的戎马生涯

义熙六年（410）八月，檀道济被升为扬武将军、天门太守，率军镇压卢循起义，他身先士卒，屡立战功。此后，檀道济不断升迁，历任安远护军、武陵内史、太尉参军、拜中书侍郎，又转任宁朔将军，参太尉军事。还因战功被封为唐县男，赐食邑400户；补太尉主簿、咨议参军；又为临淮太守、梁国内史、冠军将军等职。

义熙十一年（415），檀道济参加了平定荆州（今属湖北）刺史司马休之的作战。

义熙十二年（416）八月，刘裕乘后秦内外交困之机兴师征伐，让长子刘义符和亲信刘穆之等留守建康（今南京），亲率大军兵分五路征讨。九月，檀道济和王镇恶率军进入后秦境内，连战告捷。后秦将王苟生献漆丘（今河南商丘东北）投降了王镇恶，徐州刺史姚掌献出项城（今河南沈立）向檀道济投降。

十月，檀道济与王镇恶在成皋（今荥阳西北）会师，后秦阳城、荥阳（今荥阳东北）二城接连投降。镇守洛阳的后秦征南将军姚洸求救于长安增援，后秦主姚泓派阎生率骑兵3000人、武卫将军姚益男率步兵一万前往助守，同时，派并州牧姚懿从蒲阪（今山西水济西南）进屯陕津（今河南三门峡市西黄河上）为后援。

不久，成皋、虎牢守军相继降晋。檀道济与王镇恶、沈林子等长驱而进直逼洛阳，洛阳守将姚洸投降，俘秦军4000余人。晋军占领了洛阳。

当时，有人提议将俘虏全部杀掉，檀道济不同意，而是将俘虏全部释放。于是，羌人感动，纷纷归顺晋。檀道济这样做，为刘裕后来进关中奠定了良好基础。

深思熟虑

拓跋焘巧用兵攻克"统万"

拓跋焘（408—452），小字佛狸伐。北魏第三位皇帝（424至452年在位），北魏明元帝拓跋嗣的长子，在位29年，去世时年44岁，谥太武皇帝。

北魏太武帝拓跋焘在位的第二年，大夏国主赫连勃勃去世。他的儿子们争夺王位，发生内乱。拓跋焘意识到这是消灭大夏的天赐良机，决定兴兵讨伐。

拓跋焘亲率精骑两万，向统万（今陕西靖边县东北的城子）进军。时值隆冬，朔风呼啸，滴水成冰，加上寒流骤至，气温突降，奔腾的黄河也结了厚厚的冰层。北魏军从冰上顺利通过黄河，不几天就进逼统万城下。

刚刚夺得大夏王位的赫连昌正在饮酒祝贺，忽报北魏军杀来，不觉大吃一惊。惊魂稍定，他即引兵出城，与北魏作战，结果被拓跋焘杀得大败，慌忙逃回城中，闭门坚守。

统万城墙高壁厚，易守难攻，北魏军几次猛攻，均未攻克。北魏军远道而来，又值寒冬，不宜久待，所以尽管拓跋焘已掌握了大夏的防备情况和军队实力,他仍下令班师。临行前,拓跋焘胸有成竹地对将士们说:"明年我们一定会马到成功。"

回到京都平城(今山西大同市东北古城)以后,拓跋焘加紧训练部队,重新调整作战计划:先派大将奚斤率军攻下长安。长安自古就是兵家必争的战略要地,赫连昌自然不愿轻易放弃,忙命弟弟赫连定带领精兵两万去夺回长安。

奚斤守而不战,赫连定连攻不下,两军胶着起来。而这正是拓跋焘所希望的,也是他按计划安排的,意在分散统万兵力。

第二年五月,拓跋焘亲率步、骑、工兵计9万余人,再次渡过黄河,直逼统万。但大军行至距统万仅百里之遥时,拓跋焘又改变了主意,命令工兵、步兵停止前进,留下攻城器械和军需品,就地宿营待命,只带3万精骑去进攻统万城。部将们无不忧心忡忡,进言说:"倘若骑兵久攻不下,我军将成为孤军,到那时连后退的路也没有呀!"

拓跋焘解释说:"用兵之道,以攻城为下策,不到万不得已时,不能拥兵攻城。现在如果9万大军齐发,步兵列阵,骑兵压境,工兵开路,必使统万城敌军望而生畏,决心死守城池,顽抗到底。那时,如急攻不下,迁延时日,部队疲惫,给养不济,欲战不得,欲退不能,情况可就危险了。我军骑兵擅长野战,所以我决定率骑兵直进。敌军见我力单,就会放松戒备,我再设法诱敌出城,在野战中消灭敌人,则统万必可攻克。"

众将听罢,无不佩服。

北魏军接近统万城时,拓跋焘命骑兵主力隐伏在高山峡谷中,只令小股骑兵到城下骂阵挑战。但赫连昌也早有主意:任你叫骂挑战,我自闭门不出。同时密令围攻长安的军队撤围,内外夹击北魏军。

拓跋焘了解赫连昌的意图后,也十分担心,决定进一步诱敌上钩,险中取胜。于是命令围攻统万的骑兵匆匆撤退,做出一副要逃跑的样子,又派骑兵在城外抢夺粮草牛羊,以麻痹敌军,诱敌出战。

赫连昌终于中计,错误地认为北魏军已山穷水尽,便亲率城中3万大军倾巢出动。拓跋焘把敌军引诱到了西北方的旷野之中,不料这时忽然狂风大作,飞沙走石,北魏军将士纷纷要求暂避再战,拓跋焘正色道:"我大军不远千里来战,志在灭敌,敌倾巢而出,正是歼敌良机,飞沙走石实乃天佑我军,岂可后退。"遂令兵分两路,一路正面出击,一路抄敌后路。

这个战法一举奏效,夏军首尾不能相顾,陷于两头挨打的被动局面。北魏军越战越勇,军威大振。夏军终于支持不住,四散溃逃,赫连昌见大势已去,拍马而逃,北魏军紧追不舍。赫连昌不敢再进统万,径自逃到上邽(今甘肃天水市),统万落入北魏军手中。

故事感悟

拓跋焘是我国历史上少数民族帝王中的佼佼者。看他进攻统万的娴熟军事技术,可知后来他能统一中国北方,绝不是偶然的。

史海撷英

马踏柔然

北魏在向东西扩张的同时,也不断受到北方柔然的进犯和威胁。拓跋焘12岁时,就披挂上马率军远赴河套,参加抗击柔然入侵、保卫长城的战斗,并把边塞军务整顿得有声有色。

太武帝拓跋焘即位不久的始光元年(424)八月,柔然牟汗纥升盖可汗大檀率6万骑兵进犯云中(今内蒙古和林格尔)。拓跋焘亲自率军前往迎击,被柔然军队包围,柔然军将他们团团围住,包围了50多层。

当时,左右军士非常惶恐,只有拓跋焘声色刚毅威严,毫无惧色,这才使军心稳定下来。北魏奋力反击,射杀了柔然大将,使柔然不得不撤离。

425年,战事刚过不久,双方本该休整部队,但拓跋焘却带精兵突袭柔然,大破柔然军队主力。从此,拉开了北魏对柔然大反攻的序幕。

从始光元年(424)至太平真君十年(449)的25年间,拓跋焘多次亲征,并深入漠北打击柔然,终于使柔然仓皇北逃,再不敢向南侵犯,使北魏的边疆不再响起警报而得到安宁。

宇文泰奇谋巧计取胜

宇文泰(507—556),字黑獭(一作黑泰)。代郡武川(今内蒙古武川)人。鲜卑宇文部后裔,南北朝西魏的权臣,杰出的军事家、军事改革家、军事统帅,也是北周政权的奠基者。后追尊为文王,庙号太祖,武成元年(559)追尊为文帝。

东魏孝静帝时,执政高欢率大军到蒲坂(今山西永济县西南蒲州镇),声言要在黄河上架设三座浮桥,然后向西魏进攻。当时,东魏强大,西魏弱小,所以消息传开,西魏朝野一片恐慌,众大臣都向丞相宇文泰求教对策。

宇文泰老谋深算,他早已看准:高欢在蒲坂造桥不过是虚张声势,目的在转移西魏的注意力。待西魏向蒲坂方向调兵防御,高欢就会派大将窦泰乘虚袭击长安。窦泰是东魏一员骁勇善战的悍将,曾屡立战功,非常傲慢。宇文泰打算利用窦泰的骄气,以奇策挫败他。如果能战胜窦泰,高欢就会不战自退。

策划已定,宇文泰放弃对蒲坂方向的正面防御,而亲率一支精兵去奇袭窦泰。众大臣见宇文泰这样部署,一个个面面相觑,疑惑地问道:

"大敌当前，我们不分兵把守关隘，做正面防御，反而去袭击远敌，这不是冒险吗？万一有失，局面怎么收拾啊！"

宇文泰胸有成竹地说："高欢为人，一向刚愎自用，他一定会认为我军必然死守长安。而窦泰是个有勇无谋之辈，他不会对我们做出防备。如果我带兵前去突袭，不出五天就可以打垮他。到那时，高欢的浮桥恐怕还不能架设完成吧！"

于是，宇文泰统率轻骑6000名，神不知鬼不觉地从长安出发，直进潼关，埋伏在距潼关10里处的小关。

此时，窦泰正在黄河北岸的风陵渡，听说西魏有兵来到，就贸然率军渡河作战。哪知他的渡河部队立足未稳，就遭到宇文泰的猛烈进攻，死伤惨重。转瞬之间，窦泰的一万余将士就被打得一败涂地了。窦泰见败局已定，就挥剑自刎了。

窦泰兵败自杀以后，正如宇文泰所料，高欢匆忙拆掉浮桥撤退了。回到邺城（即今河南安阳），高欢恨得咬牙切齿，下令征调20万大军，再次杀向长安，企图一举消灭宇文泰。

高欢率大军来到黄河边上，渡河之前，左右幕僚献计道："近年逆贼（东西魏的互称）连年灾荒，如果我们派兵守住关卡要道，不让他们秋收，就可以不战而胜了。"

高欢听不进去，一心想仗恃人多势众一战取胜。

这时，尚书右仆射侯景又进言说："我们应兵分两路，以便前后照顾。"

高欢自以为兵多将广，已经胜券在握，所以也听不进去。

东魏大军一路浩浩荡荡前进到了渭曲（渭河边上，在今陕西大荔县南），碰到一片道路泥泞、深密广茂的芦苇塘。都督斛律羌举建议："我们应留下一部分人马在此与宇文泰军厮缠，而以大队人马去偷袭长安，一定可以获胜。"

不料，这一回不仅高欢不听，就连军中的左右大将也仰仗兵多将广，一派骄横，不肯听从。

当时，东魏、西魏两支大军相距仅60里，都在渭水洛河之间的沙苑一带。宇文泰统率的军队不足万人，与东魏20万人无法相比。

但宇文泰仍坚持以奇谋巧计取胜的方针。他依据所搜集的敌情把自己的部队部署在沙苑以东的渭曲一带，令骠骑大将军李弼领兵在右，令散骑常侍赵贵领兵在左，各结成一个方阵，其余人马埋伏在密密层层的芦苇丛中。高欢仗恃人多势众，不顾地形条件，悍然下令进攻。

东魏将士见西魏人马很少，争着去捉俘虏，一下子乱了阵脚。这时，埋伏在芦苇丛中的西魏人马呼喊着冲杀出来，李弼、赵贵率左、右军前后策应。东魏军战线太长，首尾不能相顾，越战越乱。西魏军则人人奋勇，个个争先，无不以一当十、以十当百。战将李标在敌阵中杀进杀出，骁勇异常。征虏将军耿令贵战袍已全被敌兵鲜血染红，宇文泰称赞说："似此勇猛杀敌，血染战袍，又何必以斩首的多少来论功呢？"

东魏虽然兵多将广，但陷入泥泞的芦苇丛中，地形不利，又不能互相救援，所以伤亡惨重，大军很快溃散。高欢只得带着残兵怅然退出战场。

从此，东西魏的力量对比发生了变化。

故事感悟

人多不可恃，敌弱不可轻。自古兵家作战智谋取胜占有相当大的因素。宇文泰用奇谋巧计取胜，其冷静沉着、运筹帷幄的智慧不得不令人敬佩！

■史海撷英

府兵制度

府兵制度是中国古代著名军事制度之一,是设府统兵的一种军事制度,于西魏大统十六年(550),由宇文泰创立。

府兵分编为二十四军,由六柱国分领。六柱国下设一十二大将军、二十四开府,每开府统一军。府兵是在民户之外另编户籍,与民户不混在一起,由各级将领统领。

北周武帝时,府兵军士不属于柱国而归中央直接统率,改称"侍官"。

隋朝初期,定府兵军府名称为骠骑府,以骠骑将军和车骑将军为正副主官。隋大业三年(607),骠骑、车骑府改称鹰扬府,以鹰扬郎将和鹰击郎将为正副长官。府兵军人称军士,分别由中央十二卫统领。府兵户籍则改归州、县。

唐朝初期,曾一度恢复骠骑、车骑府之称,不久改为折冲府,以折冲都尉为统领官。此时的府兵,平时务农,农闲时则操练军事,需要打仗征发时自备兵器和粮食,分番到京师宿卫或到边境执行戍守任务。

折冲府分上、中、下三等,上府统兵1200人,中府1000人,下府800人,府下的编制单位有团、旅、队、火四级。

唐高宗时,因均田制受到破坏,府兵负担过重,逃避兵役现象日趋严重。唐玄宗开元年间,因府兵大多无力自备兵器资粮,只得由政府拨给,于是改为招募,戍边兵士也改用官方配置。至天宝八年(749),折冲府已无兵可交,府兵制名存实亡。

深思熟虑

杨坚深谋远虑成大业

杨坚（541—604），祖籍弘农郡华阴（今陕西省华阴）。隋代开国皇帝，谥号文帝，庙号高祖，581—604年在位，在位23年。杨坚是汉族，不过拥有鲜卑族的姓氏和小字，鲜卑小字为那罗延，鲜卑姓氏为普六茹，普六茹鲜卑姓氏是其父杨忠受西魏恭帝所赐的。后杨坚掌权后恢复汉姓"杨"，并让宇文泰鲜卑化政策中改姓的汉人恢复汉姓。杨坚是西方人眼中最伟大的中国皇帝之一，被尊为"圣人可汗"。

杨坚的父亲杨忠为北周开国功臣，官至柱国大将军，爵封隋国公。杨坚15岁时，即授散骑常侍、车骑大将军、仪同三司，此后历任骠骑大将军、左大丞相、都督内外诸军事、大冢宰等职。581年，杨坚篡夺北周政权，建立隋朝，改元开皇。589年杨坚出兵灭陈，重新统一中国。

杨坚顺应历史发展趋势，结束270多年的南北分裂局面，对中国社会的发展具有重大作用。他在建立隋朝和统一中国的过程中所展示出的统帅能力和谋略思想，也十分值得后人称道赞赏。

北周大象二年（580），周宣帝宇文赟病逝后，掌握机要的内史上大夫郑译和御史大夫刘昉以静帝年幼为由，矫诏引杨坚入主朝政，都督内外诸军事。一年之后，杨坚受禅为帝，建立隋朝。

在这样短的时间内，杨坚之所以能轻而易举地迁移周鼎攫取帝位并不是偶然的。从客观方面说，继周武帝执政的周宣帝是个无道昏君，他在位时荒淫狂乱，政治腐败，上下离心，朝野思变，已经显露出王朝末日的迹象。

周宣帝死后，其儿子周静帝宇文阐还只是个8岁的孩子，根本无法处理朝政，从而给杨坚提供了一个攫取北周政权的极好机会。从主观方面说，是杨坚积极策划的结果。

为了攫取帝位，杨坚在其摄政前后施展了一系列谋略：

其一是立功树威。杨坚出身望族，早获令名，其父杨忠死后便袭爵位为隋国公，但他并不以此为满足，而是更重视依靠本人功业所建立的威望。

575年，周武帝伐齐，杨坚率水军3万积极参战，破齐师于河桥。次年，他又参加平齐之战，因功而进位柱国，从而威望日隆。

其二是组织班底。杨坚很注意延揽人才。他先后把高颎、苏威、李德林等一批有才能有经验的人任命为自己的辅佐，替自己出谋划策。与此同时，他还利用家庭或婚姻关系结交北周政权的上层人物。他娶了北周八柱国之一独孤信的女儿为妻，又把女儿嫁给周宣帝为皇后。这样，杨坚周围便形成了一个很有势力的政治集团。

周宣帝死后，郑译和刘昉立即假造遗诏引杨坚入宫摄政，说明他们与杨坚早有非同寻常的关系。

其三是收揽人心。杨坚平时就很注意收揽人心，摄政之后在这方面更是大做文章。为了缓和人们对周宣帝苛暴之政的不满，杨坚一登上政治舞台就废除《刑经圣制》，改而实行比较宽大的法律。他还下令"停洛阳宫作"，"躬履节俭"，从而使政局一新，获得了广大民众和下级官

深思熟虑

吏的好评。

其四是扫除障碍。杨坚非常清楚，阻碍他篡权称帝的主要力量是北周宗室诸王和一些忠于皇室的地方实力派，为此，他以各种罪名除掉了赵王宇文招等诸王，并且有计划地迅速平定了尉迟迥、司马消难和王谦等人掀起的地方叛乱，使年幼的周静帝宇文阐处于完全孤立无援、任人摆布的状态。这样一来，杨坚迁周鼎自然是水到渠成、瓜熟蒂落，可以"安坐而攘帝位"。

当杨坚于580年入宫辅政实际控制了北周军政大权以后，一些忠于宇文氏的地方实力派纷纷起兵反抗，企图挽救垂亡的北周政权。其中主要有三股势力：

一是相州总管尉迟迥。尉迟迥是宇文泰的外甥，威望素重。当得知杨坚准备让韦孝宽接任相州总管时，尉迟迥便于当年6月在邺城起兵反对杨坚，自称大总管。其侄尉迟勤也在青州起兵响应。尉迟迥很快便控制了关东地区的大部分州县和数十万军队。

二是郧州总管司马消难。司马消难与北周皇室关系密切，其女儿是周静帝的皇后。在尉迟迥起兵的次月，他也起兵反抗杨坚，并控制了汉水以东、长江以北的大片地区。

三是益州总管王谦。王谦是北周十二大将军之一王雄的儿子。他起兵的导火索是听说杨坚拟让梁睿接任他的职务。他起兵之后，也很快控制了四川大部地区。此外，荣州刺史宇文胄、徐州总管司录席毗罗也率所部打出反对杨坚的旗帜。

当三方起兵的消息传开之后，"半天之下，汹汹鼎沸"，"城有昼闭，巷无行人"，形势相当紧张。但杨坚却处变不惊，镇定自若，因为他早在执政之前分析可能出现的政治形势时，就已预料到尉迟迥等三人可能作乱，所有应对策略也已成竹在胸。因而事发之后，杨坚便有条不紊地进行了周密部署。

首先，他派亲信杨尚希督亲兵3000名镇守潼关，以巩固根本，安定人心；接着，他又派人联络并州总管李穆，并结好突厥，以稳定北方形势；随后，根据轻重缓急，他又先后派兵对尉迟迥、司马消难和王谦分别进行征讨。

尉迟迥影响大势力强，被列为首要攻击对象。得知尉迟迥起兵消息后，杨坚立即征发关中精兵，任命名将韦孝宽为行军元帅，率郕国公梁士彦、乐安公元谐、化政公宇文忻、濮阳公宇文述、武乡公崔弘度、清河公杨素、陇西公李询等，前往征讨。为了确保迅速获胜，杨坚后来又派足智多谋的高颎为监军前往助战。结果到8月份，韦孝宽等便攻破邺城，迫使尉迟迥自杀，从而顺利扑灭了这股为害最大的反对势力。

在东部战场节节胜利的同时，杨坚又先后任命王谊、梁睿为行军元帅，分别讨伐司马消难和王谦。司马消难"轻薄无谋"，在王谊的进逼下逃奔陈朝，郧、随等地遂告收复。

梁睿率20万军队深入蜀境，直抵成都。素无筹略的王谦率精兵5万出城迎战，战败北逃，于途中被擒杀。

西战场也很快以梁睿的胜利而告终。由于杨坚运筹得当，措施有力，在不到4个月的时间里，便消灭了三大反对势力，稳住了政治局面，避免了北魏末年北方大分裂的重演。

6世纪中叶以后，突厥代替柔然成为中国北方最强大的少数民族国家。北周、北齐对立时，双方争相结好突厥，以作为自己的外援。于是突厥日益骄横，不断向南进行袭扰。

杨坚于581年建立隋朝后，本想首先灭陈以统一南北，然后再对付突厥，但突厥却乘杨坚集中精力图陈之际不断率兵南犯。

当年冬季，突厥沙钵略可汗在前北齐营州刺史高宝宁的引导下一

举攻占临渝（今河北省山海关），直接威胁幽州，从而在北方引起很大震动。

新的情况促使杨坚转而采取南和北战、先北后南的战略方针，集中力量解决突厥问题。杨坚知道，突厥疆土辽阔，军民善战，不能急于求成，也不宜单靠军事办法解决问题，而应当充分准备，军政并举。

根据这一指导思想，杨坚一方面增筑工事，训练士卒，调整部署，储存粮草，积极地进行军事准备，同时对突厥发动了一场有声有色的政治攻势。

原来突厥内部分为四大派系，各据一方，彼此猜忌。奉车都尉长孙晟据此向杨坚建议，对突厥各部采取"远交近攻，离强而合弱"的谋略，先行分化，再伺机进攻。杨坚采纳长孙晟的建议，派太仆元晖出伊吾（今新疆哈密），结好达头可汗玷厥，以使沙钵略可汗分兵防西；派长孙晟出黄龙道，联络突厥的处罗侯部以及契丹等，说服他们站在隋王朝一边，以使沙钵略可汗分兵防东。这样就使主要敌人沙钵略可汗处于孤立状态，为军事进攻创造了有利条件。

与此同时，杨坚还以礼不伐丧（时陈宣帝病死）为名，撤回高颎统率的伐陈之师，暂时与陈修好，以避免两面作战。

经过两三年的军事和政治准备，杨坚于583年春决定对突厥由防御转入全面反攻。同年四月，他命卫王杨爽率军出朔州（今山西朔县）、河间王杨弘率军出灵州（今宁夏灵威西南）、上柱国窦荣定率军出凉州（今甘肃武威）、幽州总管阴寿率军出卢龙（今河北喜峰口）、左仆射高颎率军出宁州（今甘肃宁县）、右仆射虞庆则率军出原州（今宁夏固原），六路分道向突厥发起进攻。

由于准备充分，战争开始后，隋军进展非常顺利。杨爽在白道（今内蒙呼和浩特西北）大破沙钵略可汗的主力军，沙钵略可汗落荒而逃。

杨弘、阴寿、窦荣定等都取得不同程度的胜利。

白道大捷之后，突厥的阿波可汗率先归附隋朝，这更加深了突厥内部的矛盾，以致发展到同室操戈，兵戎相向。对此，杨坚先是隔岸观火，拒绝向任何一方提供援助，待他们相互削弱后，才分别给予安抚，迫其订立"永为藩附"的和约。

杨坚立国不久就一举击败势力强大的突厥，意义非常重大。这不仅使北部边境得到安宁，而且解除了南下灭陈的后顾之忧，为统一全国创造了有利条件。

在消除突厥对隋的威胁之后，杨坚便重新着手实施其既定的灭陈方针。为此，他首先于开皇七年（587）要求文武大臣贡献灭陈方略，以便进行庙算。

当时，左仆射高颎以及贺若弼、杨素、高勋、崔仲方等人都提出了很多很好的建议。高颎建议，在江南收获季节，调集兵力佯做攻陈之势，以误其农时，并派遣间谍潜入陈境，破坏其储藏物资，使其困敝；贺若弼建议，隋军每次换防要在江边要地集合，大列旗帜，摆出即将渡江的样子，以调动陈军进行防守，如此多次反复，使陈军逐渐麻痹，然后一举渡江；崔仲方建议，将武昌（今湖北省鄂城市）以东作为主攻方向，武昌以西作为次要方向，以造成东西呼应之势，使陈军首尾不能兼顾。

杨坚根据这些建议，决定采取瞒天过海谋略，先以假象多方误敌，然后分路进军，东西呼应，分割围歼，最终灭陈。

庙算确定后，杨坚即下令开始战前准备。他命令杨素在永安（今重庆市奉节县）赶造战舰，加强水师，并故意将造船废料顺江漂下，把消息传给江南，以威慑对方；命令吴州总管贺若弼利用换防机会将部队集中在广陵等江边要地，大张旗帜，喧哗射猎，佯做渡江之势，待陈军调动后又立即停止，如此反复欺骗麻痹敌人；命令大都督来护儿等多次率间谍潜入陈境,进行破坏和扰乱人心。

此外,他还派兵进驻江陵,灭掉后梁,以扫除进军江南的障碍。

开皇八年(588)十月,杨坚认为灭陈时机已经成熟,遂开始部署进军路线。他命令晋王杨广和秦王杨俊统帅51万水陆大军,同时从长江上、中、下游分八路攻陈:杨俊率水陆军由襄阳下汉口,杨素率舟师自永安下三峡,荆州刺史刘仁恩率军出江陵,杨广率军出六合,蕲州刺史王世积率舟师出蕲春,庐州总管韩擒虎率军出庐江,吴州总管贺若弼率军出广陵,青州总管燕荣率舟师沿海南下。

其中,前三路由杨俊统一指挥,目标指向江夏(今湖北武汉市),任务是阻止长江中、上游的陈军向东增援;后五路由杨广统一指挥,主攻目标是陈都建康(今江苏南京市)。

由于战前杨坚采取了一系列欺敌措施,加上陈后主荒淫无能,所以当隋军压境之时,陈军竟然没有发现已经大难临头,更未采取有力防御措施。因而隋军在上游发起攻击后,下游的贺若弼和韩擒虎得于开皇九年(589)正月初一轻而易举地渡过长江,分别占领京口、采石等要地。

尔后,贺若弼在钟山击溃陈军主力,陈将任忠开朱雀门引韩擒虎入城,陈后主陈叔宝在枯井中被俘。

接着,杨广进至建康,命令陈叔宝以手书招降长江中游陈军,并击败三吴、岭南等地残存陈军的反抗,于是陈朝所属州县完全归附隋朝,中国又一次实现了统一。

□故事感悟

《孙子兵法》说:"凡用兵之法,全国为上,破国次之;全军为上,破军次之。"故事中,杨坚掌控时机破敌,收到了良好的效果,可谓洞悉兵法,深谋远虑。

■史海撷英

隋文帝复汉

北齐和北周时期，上层贵族中十分热衷于鲜卑化和西胡化。北周武帝亲政后，想扭转风气而倡导汉化。577年，北周灭掉了北齐，统一北方。然而北周武帝英年早逝，北周的汉化进程也随之搁浅。

杨坚（即隋文帝）的先辈武川镇司马杨元寿曾因辅助鲜卑有功，被赐胡姓"普六茹"。杨坚上台后，立即恢复了自己的汉姓，并力行汉化。

在政权基本稳定后，杨坚也开始了一系列的改革。他内修制度，外抚四夷，崇尚节俭，勤理政务，对百姓实行宽仁政策，这些改革令国力不断增强。

587年（开皇七年），隋灭后梁。589年（开皇九年），隋灭陈，统一全国。隋文帝杨坚结束了中国上百年分裂的局面，也结束了中国三四百年的战乱时代。

杨坚还拯救了汉文化。由于春秋时期和汉代的文化典籍被战火焚毁，遗失大半。583年，杨坚下诏求书，规定"献书一卷赏绢一匹"。这个鼓励政策使许多流散在民间的著作、典籍得以收集整理，隋代的藏书量也是中国历代最多的，藏书最多时有37万卷、7.7万多类的图书。

深思熟虑

李世民的军事天才

唐太宗李世民（599—649），唐朝第二位皇帝，626—649在位，年号贞观。他名字的意思是"济世安民"。他的前半生是立下赫赫武功的军事家，在唐朝的建立过程中发挥了决定性作用。唐朝建立后，李世民受封为秦国公，后又晋封为秦王，发动玄武门之变杀死自己的兄弟太子李建成、齐王李元吉两人后，被立为太子。不久李渊让位，李世民即位。李世民即位后，积极听取群臣的意见，努力学习文治天下，成为中国史上最著名的政治家与明君之一，并最终使社会出现了国泰民安的局面，开创了唐朝历史及中国历史上著名的贞观之治，为后来的开元盛世奠定了重要基础。

隋朝末年，有个叫薛举的将领，趁天下大乱的时机，割据陇西。李渊刚当上皇帝后，就率军进攻泾州（今甘肃泾川北）、高城（今陕西长武北），然而因唐军轻率决战，被薛举打得大败。

薛举不久生病死去，他的儿子薛仁杲继位称帝。薛仁杲力气特别大，善于骑马射箭，被人称为"万人敌"。他把都城迁到长安西北不远的折墌城（今甘肃泾川东北），随时准备进攻唐朝。

李渊趁薛举死去的机会，命李世民为元帅，向薛仁杲发动进攻。唐军进抵高墌，薛仁杲派他的大将宗罗睺率兵迎战。宗罗睺多次挑战，李世民严密防守，就是不出营应战。

唐军将领报仇心切，一再请求李世民下令决战。李世民说："我军经过上一次大败，士气低落。敌人大胜之后，非常骄傲。当前应只守不战，待敌人嚣张气焰过去，我军士气激奋，便可以一战而胜。"为了防止将士冒失出战，李世民下令："谁敢再说出战二字，一律斩首。"

唐军同薛军相持了60多天，到十一月间，宗罗睺的军粮吃完了，军心涣散了，有的将领甚至偷偷带领士兵投降唐军。李世民善于捕捉战机，认为决战的时机已经到来。

李世民先派行军总管梁实率领一支人马，到浅水原另外扎一个寨子，引诱敌军。宗罗睺大喜，立即调动所有精锐部队攻打梁实。梁实根据李世民的吩咐，严守寨子，消耗敌人。宗罗睺连日急攻，没有奏效，士气大为消沉。而唐军主力以逸待劳，求战心切，李世民这才对将领们说："时候到了，全歼敌人，在此一举，各位一定要全力拼杀。"

第二天黎明，李世民先命令大将庞玉率领一支军队向薛军发动攻击，宗罗睺全力迎战。当庞玉在浅水原就要支持不住的时候，李世民亲率大军，从原北向薛军背后发动突然攻击。他带领几十名亲兵首先冲入敌阵。唐军此时如猛虎下山一般，横冲直撞，喊声震天。宗罗睺匆忙回军应战，终抵不住唐军两面夹攻，被打得溃不成军。

李世民率领2000多名骑兵，马不停蹄，人不解甲，乘胜追击。这时，他的舅舅窦威气喘吁吁地赶上来，拉住李世民的马缰绳，说："薛仁杲还有大军防守坚固的都城，不能冒险轻进。请先看看形势，再定下一步的行动吧！"

李世民坚定地说："消灭薛家军，是我考虑了很久的计划。现在势如破竹，机不可失。舅舅，你不要再说了。"说着，他急忙甩开窦威，快马加鞭，向前追去。唐军一直追到折墌城，薛仁杲已列阵城下。无奈薛军人心惶惶，许多将领临阵投降，薛仁杲也逃入城内。晚上，唐军后续部队赶到，把折墌城团团围住。薛仁杲山穷水尽，只好投降。

战后，诸将问李世民："相持60多天不战，一战而大获全胜。元帅只带领骑兵，又没有攻城器械，一直追到折墌城下。大家以为攻不下城，谁知一下就攻下了，这是为什么呢？"

李世民答道："宗罗睺的将士，骁勇善战。高墌一仗，我们是靠出其不意取得胜利的，并没有消灭他的主力。如果让他们喘过气来，那的确难以攻克。我军穷追猛打，不给敌人喘息的机会，薛仁杲吓破了胆，只好投降。我轻骑直追，看起来冒险，其实，取胜的道理就在这里。"

故事感悟

《孙子兵法》对军事行动有几句绝妙的形容："其疾如风，其徐如林，侵掠如火，不动如山。"只有精确地把握战机，才能做到这样。故事中，李世民60多天不出战，正是"锐卒勿攻"、"不动如山"；高墌一战，"侵掠如火"，打得敌人措手不及；追击敌人，势如破竹，"其疾如风"。李世民的军事指挥艺术，的确令人叹为观止！

史海撷英

唐朝的开放政策

隋朝时，中国几乎是世界上最强大的国家了。到唐朝时期，尤其贞观时期的唐朝，更是当时世界上最强盛的大一统帝国。

唐朝首都长安成为世界性的大都会，各地各国民商来往不断。那时的唐帝国是世界各国仁人志士心目中的"阳光地带"，各国的有才之士冒着生命危险也要往唐朝帝国跑。来自世界各国的外交使节都纷纷赞叹唐朝的盛世，许多人都以能成为大唐人为荣。当时，不仅首都长安有许多定居的外国人，全国各地都有来自国外的"侨民"在当地定居。尤其是新兴的商业城市，仅广州就有西洋侨民20万人以上。

贞观时期的唐王朝，是中国历史上少有的完全开放的时代（历史上汉朝时期的开发仅限于贸易和传教）。当时，各国各地的普通百姓都可以随时到唐朝观光，许多外国人都把能到唐朝帝国一游当作很荣耀的事。唐朝政府还设立了"流所"（类似现在的使馆），并开放边境和关口，以此更方便地吸收外来文化和物质文明。

郭子仪善选良机

郭子仪（697—781），又称郭令公。祖籍山西汾阳，华州郑县（今陕西华县）人。唐代将领，平定安史之乱与诸多乱事，历事玄、肃、代、德四帝，封汾阳王。代宗时，又平定仆固怀恩叛乱，并说服回纥首长，共破吐蕃，朝廷赖以为安。郭子仪戎马一生，屡建奇功，大唐因有他而获得安宁达20多年，史称"权倾天下而朝不忌，功盖一代而主不疑"，享有崇高的威望和声誉。年85岁寿终，赐谥忠武，配飨代宗庙廷。

唐玄宗天宝末年，朝廷委派李光弼为河东节度使，并令他率一万多官军开赴河北，支援河北诸郡反对安禄山、史思明叛军的作战。

李光弼率军到达已被叛军占据的常山城下，常山百姓暗中联络起事，杀了守城的叛军将领，大开城门，迎接李光弼入城。

史思明听到这个消息后，气得七窍生烟，急忙率两万余骑兵前来争夺。在敌众我寡的情况下，李光弼一面率军出城列阵迎敌，一面又召见刚投降的安禄山部将安思义问计，并告诉他："如果你的计策可取，就保全你的性命。"

安思义听了，对李光弼说："你的兵马经过长途行军，已经很劳累，又突然遇到强敌来攻，恐怕难以取胜。不如移军入城，坚守不出，再根据敌情的变化，先料定胜负而后乘隙出战。叛军虽然来势凶猛，但旷日持久，得不到什么便宜，锐气就要丧失，人心也会离散。那时你再挥军出战，就可以一战而胜了。"

李光弼觉得安思义的分析有理，便收军入城，坚壁不出，同时派人向朔方节度使郭子仪告急。

郭子仪，武举人出身，骁勇善战，韬略高超，对唐王朝忠心耿耿，是后来平定安史之乱的主要军事统帅。一个多月后，郭子仪率军到达常山，在城东列阵待战。

史思明部将李立节素以勇悍著名，立即上前挑战。他在唐军阵前耀武扬威，旁若无人。叛军擂起战鼓，呐喊助威。

郭子仪却端坐在一匹白马上，剑眉倒竖，怒目扫视敌军。他已事先通知全军：不准擂鼓，无令不许出阵交战。

郭子仪身旁有一位英姿勃勃的年轻将领，骑着一匹红鬃烈马。他叫浑瑊，是郭子仪部将浑释之的儿子。浑瑊十几岁就随父临阵作战，立过不少战功，深得郭子仪的赏识。

此时，浑瑊看到李立节这样盛气凌人，就向郭子仪请求出战。郭子仪不允，和蔼地说："不可焦躁。兵法上说'避其锐气，击其惰归'，要避开敌军刚来时的锐气，待其松懈疲惫时再出击。眼下敌军刚擂一通鼓，锐气正盛，不可出战。"

叛军呐喊了半天，战鼓又擂了两通，官军仍不出战。叛军将卒以为官军怯阵，人马逐渐松懈，队伍开始有些凌乱。

郭子仪看得真切，对浑瑊大声说："小将军，立功的机会到了。你领本队人马，截住李立节厮杀，我另派人接应你。"

浑瑊答应一声"是！"就如下山的猛虎，率领士卒直冲李立节杀去。郭子仪急令擂起战鼓，两翼官兵同时出击。一时间，阵地上刀枪并举，喊声震天。

叛军突然受到猛烈的攻击，阵势大乱。史思明急忙亲自督战，终因士卒懈怠，无法抵挡官军的猛烈攻势。

史思明一见势头不对，就率军向九门（今河北石家庄东北）方向退去。这一掉头，李立节的前队变成后队，也只好边打边退向九门，浑瑊拍马紧追不舍。叛军眼看快到九门，忽然从树林中杀出一队官军，把史思明的队伍冲得七零八落，李立节也被官军团团围住。

这时的李立节已精疲力尽，还想拼命杀出重围。浑瑊手下一名士卒执弓箭，瞄得真切，向李立节狠射一箭。李立节身子一晃，浑瑊挥刀砍去，把他半个天灵盖劈了下来。叛军一看大将被杀，一哄而散，四处逃命。官军乘胜追击，大获全胜。

◻ 故事感悟

安史之乱时，叛军将士十分勇悍，唐军仓促迎战，往往会吃败仗。常山一战，李光弼坚守待援在先，郭子仪避锐击惰在后，取得了一次重大胜利。这说明，两军交战，不仅要有武力还要选择有利的战机，从全局着眼，抓大放小，不计较一时的得失，才会取得最终的胜利。

◻ 史海撷英

郭子仪大败吐蕃

"安史之乱"之后，唐朝社会矛盾重重、危机四伏。广德元年（763），仆固怀恩叛变，多次引导回纥、吐蕃等攻打唐朝。

广德二年（764）十月，仆固怀恩纠结吐蕃、回纥、党项数十万部众南下攻打唐朝，京师上下惶恐不安。

侵犯者攻击汾州，郭子仪让他的长子朔方兵马使郭曜率军援救，与汾宁节度使白孝德闭城拒守。仆固怀恩的前锋攻打到奉天，在城外挑战，众多将领提议出兵还击，都被郭子仪制止，反而加固城墙等待观察。果然，侵略者纷纷不战而退。

唐代宗永泰元年（765）八月，仆固怀恩又勾结吐蕃、回纥、吐谷浑及山贼等30万人，先出兵侵掠同州，又相约从华阴趋赴蓝田，直取长安。

仆固怀恩的这一举动使京师大为震动。唐代宗急忙召郭子仪从河中回来，屯驻长安北面的泾阳城，抵御侵兵。

郭子仪的军队只有一万多人，被敌人团团包围在泾阳一带。他一面命令部将四面坚守，一面自己亲率骑兵前后左右侦察敌情。

最后，郭子仪决定亲自到回纥军营走一趟。回纥首领药葛罗害怕唐军用计，让部下摆开阵势，准备射击。

郭子仪远远看见这场面，竟然脱下盔甲扔了枪，赤手空拳来到回纥军中。回纥首领见状，赶忙上前迎接郭子仪。

郭子仪两次从安史叛军手里收复两京时，曾带领过借来的回纥兵，可以说与回纥有过并肩战斗的情谊，因此他在回纥人中有很高的威信。郭子仪来到回纥营寨，回纥人一齐向他跪拜行礼。郭子仪将他们扶起，并与他们痛饮叙谈，最后终于说服了回纥撤兵。

深思熟虑

赵匡胤智谋得天下

宋太祖赵匡胤（927—976），北宋王朝的建立者，庙号太祖。涿州（今河北）人。出身军人家庭，948年，投后汉枢密使郭威幕下，屡立战功。951年，郭威称帝，建立后周，赵匡胤任禁军军官，为东西班行首，后随柴荣征讨淮南、扬州等地，官至匡国军节度使、殿前都点检，后又拜为检校太傅殿前都检点，称为禁军总将领。建隆元年（960），他以"镇定二州"的名义，谎报契丹联合北汉大举南侵，领兵出征，发动陈桥兵变，黄袍加身，代周称帝，建立宋朝，定都开封。

赵匡胤出生之时，大唐王朝已经溃灭，中国社会进入到五代十国的纷乱时期。乱世出英雄。赵匡胤在这英雄角逐的时代潮流中，以他超人的智慧、惊人的胆略驰骋在历史舞台上，由一个漂泊他乡，以四海为家的流浪汉，成为被史学家所推崇的、与唐太宗李世民齐名的安世英雄。

赵匡胤在战场，不仅打仗非常勇敢，而且善于出谋划策，因此擢升很快。后汉天福十二年，赵匡胤结束浪迹天涯的生活，应募从军，投到了后汉枢密使郭威（后周太祖）帐下，当了一名普通士兵。

从军不久，赵匡胤便参与了郭威代汉的兵变，事成之后，被任命为东西行首（禁军低级将领）。柴荣（郭威养子）任开封府尹时，调他为开封府马直军使。柴荣继帝位后，又把他调回禁军。

赵匡胤带兵打仗，从不冒进，总是谋划再三。五代时，南唐派齐王李景达攻后周的六合城，屯兵于离城。南唐军沿江十余里设下栅栏固守不进，与后周守将赵匡胤相持。

当时，赵匡胤只有2000多名人马，手下将士要求出战，赵匡胤不同意，说："敌众我寡，出击对我们不利。不如等敌军前来进犯时再予以还击，这样才能打败他们。"于是，双方按兵不动。

过了几天，李景达见周兵不出战，以为周兵怯战，就引兵直取六合。赵匡胤突然出城奋勇迎敌，南唐军措手不及，大败而逃，被斩杀俘获5000人，溺死者甚多。经此一战，南唐的精锐部队都被打垮了。

战斗中，赵匡胤身先士卒，一边奋战，一边留心查看，士卒中有不尽力致敌的，就用剑砍他的皮笠，凡有剑痕的一律斩首。赵匡胤说："留下这样的士兵，不但无用，而且会成为害群之马。"以此来教训那些不勤于战事的士卒。从此以后，赵匡胤属下的士卒上阵都勇敢争先。

954年，赵匡胤随柴荣出征，抗击北汉和辽国的联合进攻。阵前，赵匡胤激励将士效命报国，并率先拍马向前，英勇杀敌。众将士见状，士气大振，紧随其后奋力厮杀，结果大败汉辽联军。

这一仗，赵匡胤立了大功，柴荣更器重他，提升他为殿前都虞侯。此后几经升迁，赵匡胤终于成为率领禁军的最高将领。

960年正月，后周京城内君臣百姓正在欢庆新春佳节，突然接到边境送来的紧急情报：北汉和辽国又联合发兵进犯。顿时，京城上下一片混乱，宰相范质不辨真假，仓促派赵匡胤带兵出征。大军行至京城东北20里的陈桥驿，将士们就地扎营休息。

五更时分，军士们聚集在陈桥驿门前，扬言拥戴殿前都点检赵匡胤为天子。一到天亮，军士们就逼近赵匡胤的卧室。赵匡胤的弟弟赵光义跑进去报告，赵匡胤起身。各位将校都拿出兵器站立在庭堂上，他们说：各路大军没有主帅，都愿拥太尉为天子。

赵匡胤还没来及回话，几个人就把早已准备好的黄袍披在他的身上，然后纷纷跪倒磕头，高呼"万岁"，随后扶着赵匡胤上马。

赵匡胤拉着缰头对众将领说："如果我发号令，你们能听从吗？"

大家一齐跳下马响应说："唯命是从。"

赵匡胤说："太后、主上，我按臣子的身份侍奉他们，你们不得惊动、冒犯他们；朝中文武大臣都和我平起平坐，并肩而行，你们不得侵犯凌辱他们。朝廷府军以及百姓之家，统统不得侵犯掠夺。听从命令的有重赏，违反命令的诛及子孙。"

各路将领一再跪拜，表示绝对服从，然后整顿队伍向京师进发，不久赵匡胤便正式登基称帝。这就是"陈桥兵变，黄袍加身"的历史事件。

"国擅于将，将擅于兵"，"兵骄则逐帅，帅强则叛上"，赵匡胤是深知这些道理的，但怎样才能收回大将们的兵权呢？在他当皇帝的第二年（961），有一天，赵匡胤把高级将领请进宫来喝酒。只见宫内张灯结彩，鼓乐声声，杯觥交错，轻歌曼舞。将领们依位席地而坐，望着眼前盛世太平的情景，个个喜笑颜开，开怀畅饮。

当大家喝得差不多的时候，赵匡胤屏退左右侍从，留下一班故友勋臣，对石守信等将帅说："我非尔曹力，不及此，然天子亦大艰难，殊不若为节度使之乐，吾终夕未尝高枕卧也。"

石守信等人连忙询问其中原因，赵匡胤说："是不难知，居此位者，谁不欲为之！"

众将一听顿时大惊，赶快离座下跪叩头，说："陛下何出此言？今天下已定，谁敢复有异心！"

赵匡胤答道："卿等固然，设麾下有欲富贵者，一旦以黄袍加汝身，虽欲不为，其可得乎？"

众大将顿首涕泣说："我们愚不及此，望陛下指明一条生路。"赵匡胤这才以实话相告，说人生好比白驹过隙，所谓的荣华富贵，不过是多积金钱，厚自娱乐，使子孙不会贫乏罢了。你们何不释去兵权，出守大藩，买房置地，为子孙留下永久不动的产业；多置歌儿舞女，日饮美酒相欢，过一辈子舒服日子呢？我也愿意与你们结为亲家。这样，君臣之间两相无猜，上下相安，不亦善乎！

石守信等众将连连拜谢，表示愿听从皇帝之言。从第二天起，这批高级将帅都称病不能上朝，要求辞去军职。赵匡胤顺水推舟，厚赏众将领，随即便免去了他们的军职，把他们都派往外地任节度使去了。这就是历史上有名的"杯酒释兵权"事件。

唐代后期，藩镇割据和五代十国大分裂期间，形成了一套有利于分裂割据的政治统治体制。为了巩固统一，用什么办法改革这套政治体制呢？赵匡胤思考许久，决计与大臣们共同谋划。

有一天，赵匡胤召见赵普，问道："天下自唐末以来，数十年间，帝王换了八姓，争战不止，生民涂炭，是什么缘故？我想使天下兵戈停息，国家得以长治久安，又该怎么办？"

赵普回答说："这不是别的缘故，不过方镇太重，君弱臣强罢了。现在要扭转这种局面，也没有别的办法，只有对藩镇'稍夺其权，制其钱谷，收其精兵'，那么天下自然就安定了。"

赵匡胤认为赵普的话与自己的想法很合拍，就把这12个字作为根除藩镇之患的基本方针。

"稍夺其权"的主要措施，就是添置通判、罢领支郡。添置通判始于963年攻下湖南之初，以后各地州府都依事务繁简，遍置通判一员或二员不等。通判"监郡"，与知州互相牵制，一州公事，只有知州、通判共同签仪连书，才能算数，才得施行。藩镇原来据有数州以至数十州土地，节度使所驻州称"会府"，归他管辖的其他各州称"支郡"。罢领支郡，就是解除节度使对支郡的统辖权，使各州都直属中央。

"制其钱谷"就是收夺藩镇的财权。自从唐德宗建中元年（780）实行两税法以来，地方的两税收入一直分作三部分：一为上供，二为送使（就会府而言，送使则称留使），三为留州。节度使大都在留使、留州的名义下扣留赋税，用作军费，上供朝廷的数目微乎其微。藩镇辖区内征收商税、榷卖茶盐的场院，名义上是直属中央三司的，而节度使也都委派亲信牙吏主持，非法厚敛，却只按定额上缴，超过定额的全部入己。此外，节度使还派遣亲吏往各道经商贩易，名曰回图，沿途不纳商税，赚回财物无数。针对这种弊病，赵匡胤下令置场务监官，并经常派遣朝官出外监临；又规定地方所收赋税，除必要行政开支外，要全部输往京师，各州不得占留。这个措施在赵匡胤登基之年就实行了，以后赵光义又禁止中外臣僚不得于诸处回图，与民争利。

在"收其精兵"方面，赵匡胤于灭后蜀的那年（965）八月，就命令各州长吏选择部内骁勇士兵送至都下，以补禁旅之缺。这样，隶属各州的军队只剩下毫无战斗力的厢兵了。同时，以文臣取代节将，以他官权知州府的措施也逐步施行，这就大大地削弱了地方的军事力量。动乱的五代出现了"国擅于将，将擅于兵"的局面，赵匡胤自己就是因为掌握了禁军,在骄兵拥戴下夺取后周政权的。因此,对于禁军将领权力过大的危险性他有深刻体会。

但是,建国初期的禁军高级将领有的是过去的好友,有的是义社弟兄,有的则是直接参与了拥立的策划,对他们应当如何处置,赵匡胤一时难以决断。赵普多次建议解除这些将领的兵权,改授其他职位,赵匡胤开始不同意,后经赵普的再三劝说,赵匡胤才定下决心,断然采取措施,逐步解除了禁军高级将领的兵权,并对统领禁军的机构及其职位,做了相应的调整。从此,有效地根除了藩镇和骄兵之患,从而使国家从分裂归于统一,使社会从动乱趋于安定。

宋军每次出征之前,都要公布严明的军纪。作战中,凡是军纪严明的都给予表扬奖励,凡是违反军纪的都要给予严厉的惩罚。

乾德二年(964),宋军分东、北两路大军进蜀征伐。东路大军的都监曹彬对部队要求极严,有滥杀或抢百姓财物的,他坚决禁止。所以,东路大军所到之处,士兵们始终秋毫无犯。赵匡胤听到后高兴地说:"吾任其人矣!"并把曹彬招来奖赏。

北路大军由王全斌统帅,王全斌怂恿部下抢夺百姓财物,掠抢民女,诱杀蜀降卒2.7万余人。赵匡胤念王全斌伐蜀有功,虽没有治罪,但终身不重用他。赵匡胤还听说西川行营中有位将校非常残忍,抓到妇女后把乳房割下来,就立即把他召回京城问罪。

许多身边的大臣急急忙忙来营救,赵匡胤流着眼泪说:"兴师吊伐,妇人何罪,而残忍至此!当速置法以偿其冤。"然后立即命人把这位将校在都市上公开斩首。

赵匡胤为了巩固自己的统治地位,还特别注意优待被征服者。登基称帝后,赵匡胤对周恭帝及符皇后不但不杀,还采取了非常优厚的政策,把他们迁入西宫供养起来。开宝六年(973),周恭帝逝世,赵匡胤

深思熟虑

素服哀悼，并10天不上朝理政。

对周朝王室的旧臣武将，赵匡胤也以礼相待。开宝四年（971），南汉主刘铱战败被擒，仍"封恩赦侯，赐第居京"。

有一天，刘铱跟随赵匡胤来到讲武池，赵匡胤赐酒给刘铱喝，刘铱怀疑酒中有毒，端起酒杯泪如雨下，迟迟不敢喝。

赵匡胤见状，哈哈大笑说："朕推心置腹，安有此事！"然后命令随从把刘铱的美酒端过来一饮而尽，刘铱感恩不尽。

赵匡胤即位之初，严厉惩治贪官污吏，重视发展农业生产，注意兴修水利，减轻徭役，予民以休养生息，因而迅速平定了内乱，集兵权于中央，随后又采取"先南后北"的策略，逐次消灭了荆南、湖南、后蜀、南汉、南唐等割据政权，结束了五代十国分裂割据的局面，使中华大地基本统一于宋皇朝之下。

故事感悟

赵匡胤是宋朝的开国皇帝，为宋朝的建立立下了不朽功勋。他积极防御，主动出击，收复失地，又能根据形势做出有利于自己的判断。赵匡胤的军事素养和足智多谋，受到后人的敬仰！

史海撷英

赵匡胤弹雀

宋太祖赵匡胤喜欢在皇宫的后园弹鸟雀玩耍。有一次，一位大臣声称有紧急国事求见，赵匡胤立即接见了他。

但拿过奏章一看，不过是些平常小事，赵匡胤非常生气，便责问大臣为什么说谎。

大臣回答："臣以为再小的事也比弹鸟雀要紧。"

赵匡胤恼怒，用斧子柄击打大臣的嘴，打落了大臣两颗牙齿。

大臣没有喊痛，只是慢慢弯下身子拾起牙齿，揣到怀里。

赵匡胤又生气地问道："你拾起牙齿放好，是想去告我？"

大臣回答说："臣无权告陛下，自有史官会将今天的事记载下来。"

赵匡胤一听顿然气消，知道他是个忠臣，命令赐赏他以示褒扬。

深思熟虑

李元昊首用鸽子惑敌制胜

李元昊（1003—1048），西夏开国皇帝（1032—1048年在位）。党项族人，原为拓跋氏。李继迁孙，李德明长子，生母卫慕氏。少年时身型魁梧，而且勤奋好学，手不释卷，尤好法律和兵书，通汉、蕃语言，精绘画，多才多艺。大庆三年十月十一日（1038年11月10日）自立为帝，脱离宋朝，国号"大夏"，亦称西夏，定都兴庆府。后因战事繁多，西夏经济凋敝，遂于1044年与北宋签订庆历和议，向宋称臣，被封为夏国主。为西夏建树良多，堪称一代枭雄。

宋康定元年的冬天，天阴沉沉的，寒风呼啸，卷着雪花。一队人马浩浩荡荡地行进在蜿蜒的山道上，向陕西延州（今延安市）方向开去，走在队伍最前面的是西夏国的开国皇帝李元昊。只见他神情威严，身着战袍，全副武装。他准备进袭延州，攻破宋朝的北方要塞。

到了延州，宋朝的守城壁垒森严，两军展开了激烈的战斗。连续七天七夜，李元昊都不曾攻进城去，天又不断下着大雪。李元昊见城堡难攻，怕部下损失严重，便下令撤军了。

城堡虽未攻下，可宋仁宗却害怕了。他连忙召集大臣们商议对策。

陕西经略安抚副使韩琦对仁宗说："陛下，依臣之见，西夏军素与朝廷对抗，此次退兵，只是缓兵之计，为遏止他们，只有主动出击。"

话音刚落，另一大臣忙站起来说："且慢，西夏军有十万之众，而且训练有素，不可妄动。"

宋仁宗听了臣子们的不同建议，也不知该怎么办，只好暂时按兵不动。

李元昊撤兵后，又重新休整一番。听说宋仁宗正犹疑不定，便立刻召集属下商议，准备再次出击宋朝。

不久，西夏的十万大军又出发了，而且声势浩大，直抵怀远城。

宋仁宗见西夏军又来进犯，慌忙派人迎战。在怀远，两军展开了激战。开始，西夏军还向宋军不断进攻，宋军顽强抵抗。打着打着，西夏军便渐渐后退，一边打一边退，一边战一边走。

宋军见状，以为西夏军害怕了，便更英勇地追击，一路上猛杀猛打。西夏军见宋军追得厉害，干脆收兵向好水川方向撤退。宋军紧追不舍，追到第二天黄昏，一直追到好水川才停了下来，在川口整兵，准备第二天与西夏军来一场决战，一举歼灭他们。

李元昊见宋军追来，颇为得意。他亲自指挥部队在好水川西面做好准备，布置好伏兵，等着第二天宋军前来送死。

第二天凌晨，宋军便急不可待地沿好水川向西去袭击西夏军。当大军走到羊牧隆城东四五里远的地方，发现有几十只精制的盒子扔在路中央，挡住了去路。

宋军兵士觉得很奇怪，便停在那里。将领任福翻身下马，带了几个人来到盒子跟前，不知里边是什么东西。他领人小心翼翼地打开了一只盒子，扑棱棱、扑棱棱，从里边飞出了十几只鸽子，一边叫着，一边向天空飞去。

任福命人将所有的盒子打开，只见上百只鸽子从盒子中飞出，扑棱着翅膀,飞向天空。士兵们被这奇怪的现象惊呆了,任福也在纳闷,大家便七嘴八舌猜疑开了。

这时,西夏军见鸽子飞向天空,便知宋军已到,立即向鸽子起飞处疾驰而来。宋军还没弄清是怎么回事,夏军已到跟前,任福忙跳上马背,仓促迎战。西夏军勇猛地冲了上来,而宋军还没来得及列阵就大乱起来。西夏兵乘机猛杀猛打,宋军连连后退。

忽然,好水川两侧各竖起了一面两丈多高的大旗。大旗挥动,杀出了几千名伏兵,宋军毫无准备,招架不住,全军溃败,将领任福也战死了。

西夏军欢欣鼓舞,李元昊也笑逐颜开,对士兵们说:"没想到鸽子为咱们立了大功了。"李元昊是第一次训练使用信鸽,在他之前,还没有人试验过。从此以后,人们才开始重视鸽子的作用。

◻ 故事感悟

孙子说:善动敌者,形之,敌必从之;予之,敌必取之;以利动之,以本待之。就是说,将帅要用假相让敌人听从调动,给敌人以小利,让他上钩,再用重兵去攻击敌人。

李元昊运筹周密,先让夏军诈败,引敌深入,然后尽出两翼伏兵,全歼敌军,是懂得兵法的将帅呀!

◻ 史海撷英

李元昊突袭甘凉

李元昊长大后,对先辈向北宋称臣,尤其是依赖北宋的恩赐而生活的行为十分不满。

父亲李德明对他说:"我长期打仗已经打累了啊,我们的民族这30年来能穿上锦绮衣服,这都是宋朝的恩德,不能辜负!"

李元昊反驳父亲说:"穿皮毛的衣服,做畜牧之事,是我们民族的本性。英雄的一生,应当有王霸之气,要锦绮干什么用?"

使李元昊崭露头角的是1028年进攻甘州(今甘肃张掖)回鹘的战争。这一年,李元昊刚刚25岁。以甘州为中心的回鹘政权和占据西凉的吐蕃,都是宋朝得以联络而挟制党项西夏的盟友,李元昊的父亲李德明为了使西夏政权得以巩固和发展,首先采取攻占河西走廊的战略,并由李元昊担当西攻重任。

李元昊接受攻打回鹘的重任后,采取突然袭击战术,使回鹘可汗来不及调集兵力,甘州城便被攻破。此后,瓜州(今甘肃安西)、沙州(今甘肃敦煌)也相继投降了西夏。李元昊也因战功显赫而被李德明封为太子。

接着,李元昊又依照父亲的意图,在率军回师途中采取声东击西的战术,乘势突破了西凉。

■ 文苑拾萃

水龙吟·送焦和之赴西夏行省

(元)王恽

当年紫禁烟花,相逢恨不知音早。
秋风倦客,一杯情话,为君倾倒。
回首燕山,月明庭树,两枝乌绕。
正情驰魏阙,空书怪事,心胆堕,伤殷浩。
祸福无端倚伏,问古今、几人明了。
沧浪渔父,归来惊笑,灵均枯槁。
邂逅淇南,岁寒独在,故人襟抱。
恨黄尘障尺,西山远目,送斜阳鸟。

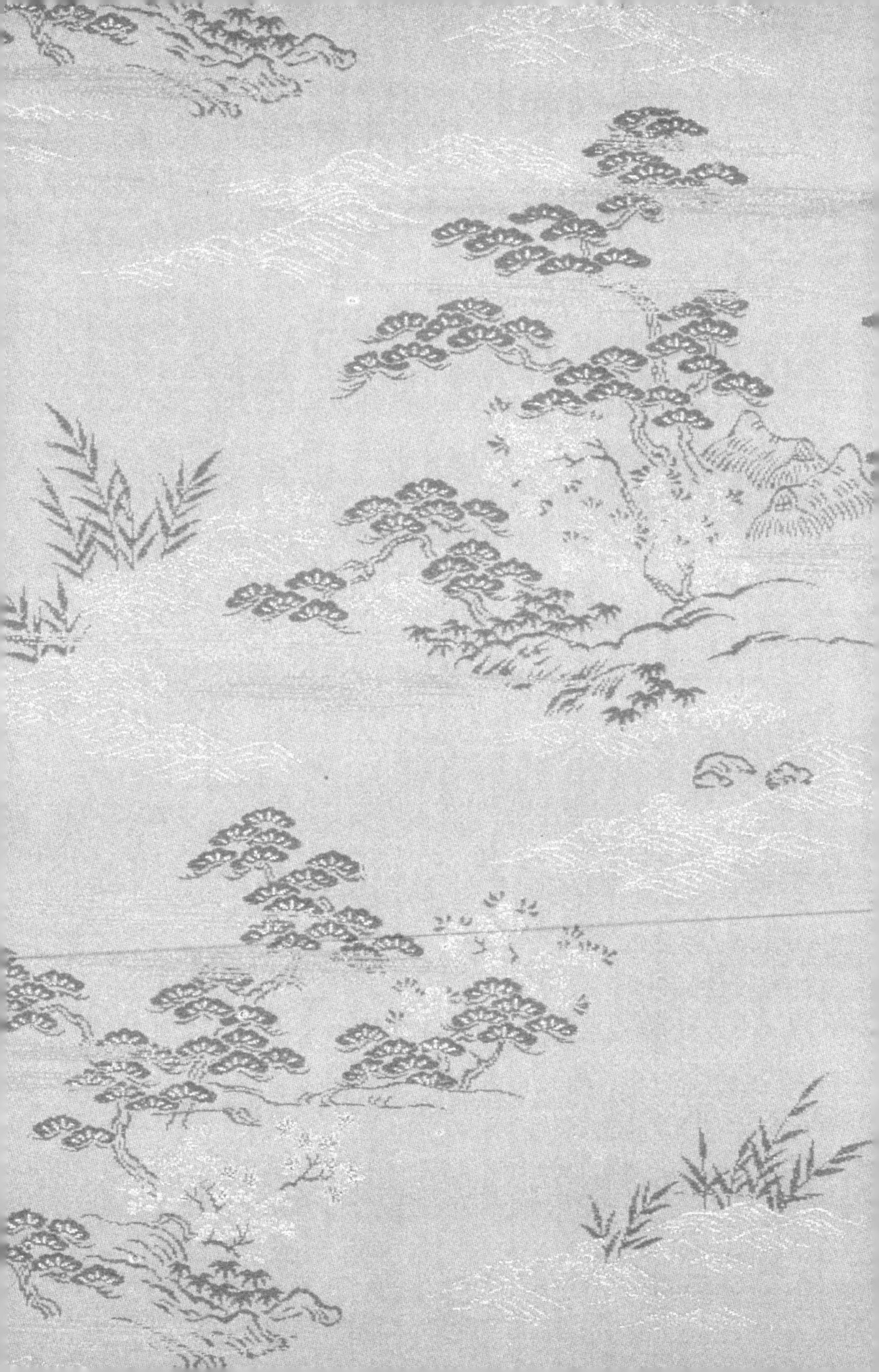

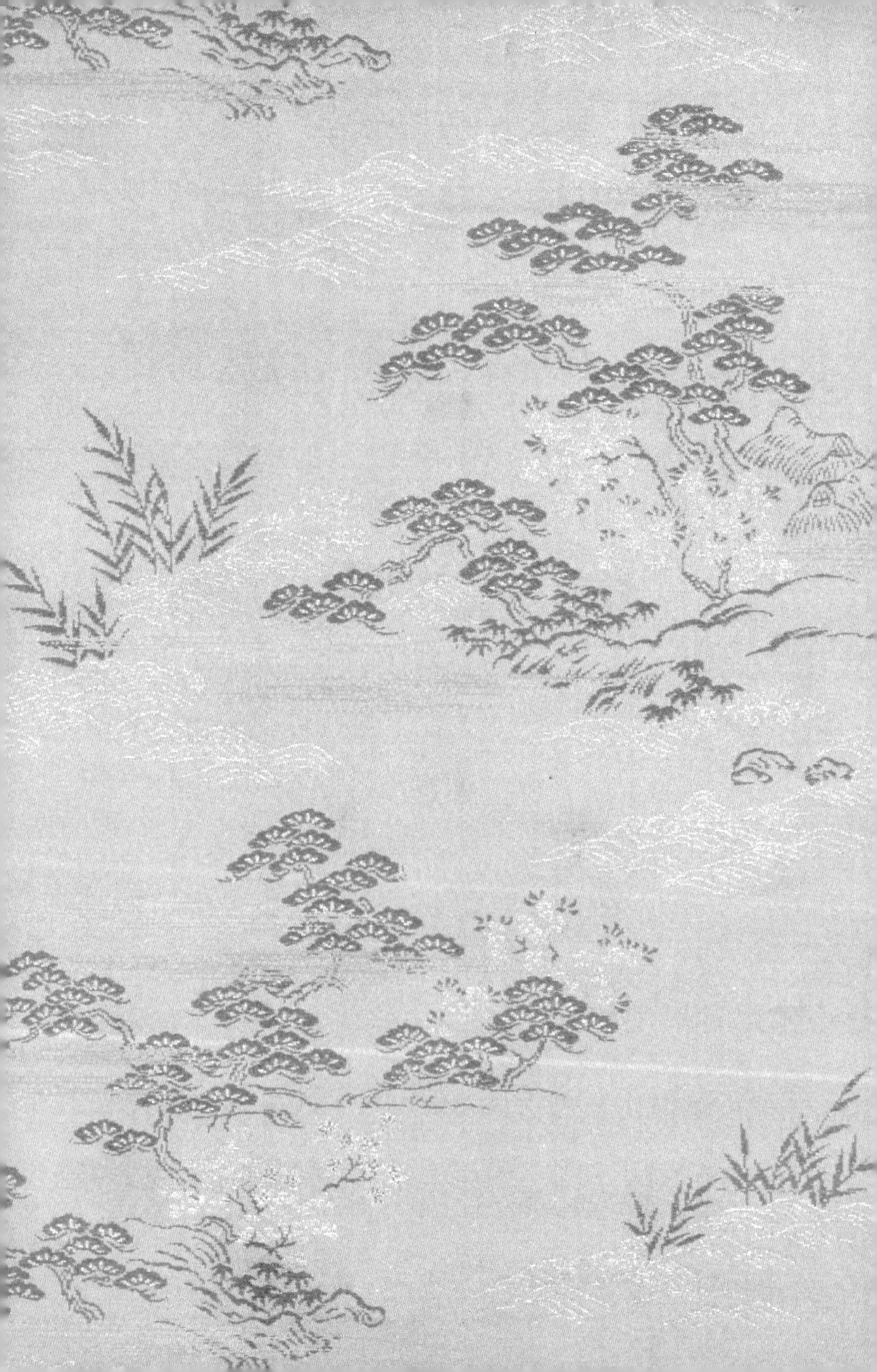